Erich Kästner: Eine Erinnerung aus meiner Kindheit

1. Aufsatz
Dresden, den 1. Mai 1914.
Eine Erinnerung aus meiner Kindheit.

Inhalt: I. Einleitung.
II. Wie ich das Geld verlor.
III. Das Turnfest.

Ja, ich war damals ein »Achtkläppser«, wie man uns nannte, und drillte eifrig Schreiben und Lesen, auch das Rechnen nicht zu vergessen; aber etwas, das muß ich gestehen, gefiel mir besser. Was war's? Das Turnen. Mit Ungeduld ersehnte ich jeden Mittwoch und Sonnabend; denn da hatten wir nachmittags Turnen auf der Alaunstraße. Mit einem dick gestrichenen Butterbrote in der Hand marschierte ich los, die Turnschuhe waren fest unter den Arm gepreßt. Nicht lange dauerte es, so war ich an dem grauen, vierstöckigen Hause angelangt und ging mit den andern Kameraden hinein in die Halle, um hier eine Stunde lang nach Herzenslust an den verschiedenen Geräten umherzuspringen oder draußen in dem großen, schattigen Turnhofe zu spielen.

War es ein Wunder, daß ich vor unserem Turnfeste ganz aus dem Häuschen war? Es sollte neben dem Turnen die Zeit noch mit Kaffetrinken und Abendessen ausgefüllt werden. Was fehlte noch an der Herrlichkeit? Für ein Kindergemüt nichts! – »So, Erich; bevor du dich zum Turnfest umziehst, mußt du mir aber erst Kaffee holen. Hier hast du eine Mark; der Kaffee kostet vierzig Pfennige.« – »Jawohl, Muttel; aber du plättest mir doch unterdessen meine Turnhosen?« »Ja doch! Kleiner Quälgeist.« – »Sieh dich vor, wenn du über die Straße gehst!« »Ja.« – Flugs springe ich die Treppe hinunter. Schon bin ich über die Straße geeilt, und bald stehe ich in dem würzig nach geröstetem Kaffee duftenden Laden. Wenn ich auch abgehetzt bin, was tut's? es ist doch Turnfest! »Und du wünschst?« »1/4 Pfund Kaffee zu vierzig.« »Schön. Hier hast du den Kaffee und sechzig Pfennige zurück. Vierzig –, fünfzig, – eine Mark.« »Adieu.« »Adieu. Bald wieder.« – Da kommt eine Straßenbahn angefahren, doch ich muß noch drüber. Huppdich! – So, jetzt bin ich sicher. Da –. »Wo ist denn das Fünfzigpfennigstück!« Weg ist es. Nirgends ist es. Ich suche mir bald die Augen aus. Kein Fünfziger läßt sich blicken. Die ganze Lust zum Turnfeste ist verflogen. Noch immer suche ich eifrig, doch – umsonst. Und die Mutter wartet, ich muß mich beeilen. Immer langsamer werden die Schritte, zu schnell sind die Stufen alle; zaghaft klopfe ich an. »Na, wo bleibst du denn so lange?« Da drückt es mir ganz erbärmlich im Halse, und unter Schluchzen kommt es stoßweise hervor. »Mama, ich –, ich ha – be das – Geld – verlo – ren.« Nun steht das arme Sünderlein da und harrt schluchzend auf die Strafe. Doch nichts von alledem. »Wie kam das denn?« »Ich wollte – so schnell – ma – chen, weil – doch das – Turnfest – ist.« »So, na, da zieh' dich mal schnell um, damit wir noch zurecht kommen.« »Mama – ?« »Ja?« »Nimm es doch wieder aus meiner Sparbüchse.« »Ach was! Jetzt ziehe dich lieber mal schnell an.« Bald ist der Tränenquell versiegt, und in weniger Zeit bin ich fix und fertig. Die Mutter nimmt mich bei der Hand, und in einigen Minuten schon betreten wir das Haus. Das ganze Gebäude ist von Duft nach frischem Kuchen durchströmt. Schnell die Treppe hinauf, und bald sitze ich mitten unter der fröhlichen Gesellschaft vor einer Tasse dampfenden Kaffees; rechts davon liegen auf einem bunten Teller zwei große Stücke hausbackenen Kuchens. Nachdem das Kaffeetrinken beendigt ist, wird draußen auf dem Hofe angetreten.

Zuerst fällt uns ein großer, in die Erde gerammter Stamm auf, einem Mastbaum vergleichbar. Oben an der Spitze hängt ein mit bunten Bändern geschmückter Reifen, an ihm hängen eine Menge Herrlichkeiten für uns. Jeder, der hinauf kommt, darf sich etwas nehmen. Ich bin noch lange nicht an der Reihe; wenn auch nicht viele das Ziel erreichen, so wird doch immer mehr herabgeholt, immer leerer wird der Reifen. Schon scheint fast alles unten zu sein, da klettert vor mir ein geschickter Klettrer hinauf, oben wählt er nun unter den Resten der Herrlichkeit. Seinen Blicken scheint aber nicht nur eine Düte zu behagen, sondern auch noch ein andrer Preis. Was macht er? Kurz entschlossen reißt er sich beides ab und kommt freudestrahlend unten an. Ein herzliches Gelächter belohnt den kleinen Geizhals. Ich kann aber wirklich nicht lachen, nein, wirklich nicht. Wer weiß, ob nun noch etwas oben ist! Ärgerlich klettere ich hinauf, und – es findet sich doch noch etwas. Jetzt bin ich wenigstens befriedigt, und kaum stehe ich auf festem Boden, so kaue ich auch schon mit vollen Backen. Nach einigen Freiübungen geht es hinein in die Halle, wo die Tische schon gedeckt sind; eifrig langen wir in die belegten Brote hinein, und bald ist alles vertilgt. »So, nun komm aber, Erich, hier ist deine Jacke, wir wollen gehen.«

Note: 1^b^

N.B.: Die Korrekturen des Lehrers – rote Tinte – wurden nicht berücksichtigt. (Es waren nur sehr wenige.)

1 Erich Kästner am 8. Mai 1954 in Wien (Photo: Henisch, Wien; EKA)

Dreierlei Gestalt: Der Doppelgänger, der Zauberkünstler und der Zuckerwarenfabrikant

Kästner kennt jeder. Oder vielmehr: Einen Kästner kennt jeder. Das ist ein Glück, denn erstens braucht man ihn dann nicht mehr vorzustellen, und zweitens ist er ein höchst brauchbarer Autor. Von ihm stammt Gebrauchslyrik, die zum geflügelten Wort wurde wie beispielsweise – um nur eines herbeizuzitieren – die unter der Überschrift ›Moral‹ gemachte Feststellung: »Es gibt nichts Gutes, außer: man tut es!« Von ihm stammen durchaus brauchbare Romane wie ›Emil und die Detektive. Ein Roman für Kinder‹ (1929) und ›Fabian. Die Geschichte eines Moralisten‹ (1931). Von, mit und nach ihm wurden so bekannte Filme gedreht wie ›Das doppelte Lottchen‹ oder ›Drei Männer im Schnee‹.

Das ist aber zugleich auch ein Problem. Denn wenn jeder Kästner kennt, wer kennt dann den richtigen? Kästner als Bürgerschreck oder erschrockener Bürger, als Muttersöhnchen oder Frauenheld, Optimist oder Pessimist, Humorist oder Zyniker, Aufklärer oder Schmutzfink, Kinder- oder Erwachsenenautor, Schöngeist oder Schulmeister – jeder sucht sich einen, der ihm paßt, und einer paßt mit Sicherheit immer, mindestens einer. Es ist beeindruckend und vielsagend, wie viel verschiedenes schon über Kästner gesagt wurde; so viel, daß über ihn dabei letztlich höchstens ebensoviel gesagt wurde wie über die, die es sagen. Von der Weimarer Republik über die Zeit des Nationalsozialismus, den Wiederaufbau und die Wirtschaftswunderjahre bis 1968 und heute wird er von vielerlei Standpunkten aus beurteilt, verurteilt und gelobt, als fort- oder rückschrittlich, rechts oder links eingeordnet, und stets läßt sich beobachten: je fester der Standpunkt, um so ordentlicher die Verurteilung. Sollte es sich daher nicht vielleicht empfehlen, den allzu festen Standpunkt zu verlassen und statt dessen, wie Kästner selbst, ein wenig von dem einen zu dem anderen zu turnen, oder zu tanzen?

Zu all dem kommt nämlich ein weiteres Problem: daß auch Kästner sich nicht kannte. Wie Rousseau über Jean-Jacques läßt er ›Kästner über Kästner‹ sprechen und sich wundern und den Kopf zerbrechen über all die Schwierigkeiten, die er, mehr noch als die andern, hat, sich richtig einzuordnen. *(W 2, 323ff.)* Sooft Kästner sich sieht, im Film, in einer Photographie oder im Spiegel, erkennt er sich kaum wieder, was nachvollziehbar ist, ungewöhnlich aber, wie oft er sich dort sieht und wie viel er darüber spricht. Bemerkenswert auch, daß der ausgezeichnete Kinderbuchautor sich ausgerechnet in seiner Rede ›Zur Naturgeschichte des Jugenbuchschriftstellers‹, gehalten anläßlich der Verleihung des international angesehensten Jugendbuchpreises, mit Entschiedenheit die Eigenschaft abspricht, ein Kinderbuchautor zu sein. *(W 6, 654ff.)*

So soll im folgenden ein – weiterer – Versuch unternommen werden, (sich) Erich Kästner vorzustellen. Dem Wunsch des Autors gemäß, wird er weder als Kinderbuchautor noch als Erwachsenenbuchautor, sondern vor allem als Autor vorgestellt, als Autor und als Künstler, das heißt als Sprach- und Lebens- wie als Verwandlungskünstler, von Leben in Sprache und umgekehrt, und von noch so manchem in manches andere. Da man seinem Autor aber nicht in allem folgen muß und gerade Erich Kästner keinesfalls in allem folgen sollte, wird er hier als zweierlei mit Sicherheit nicht vorgestellt: als Schulmeister und Moralist. Nicht jedem, der sich Moralist nennt, muß man dies gleich unbesehen glauben, und nicht jeder, der sich zum Pädagogen erklärt, besitzt darum gleich pädagogische Fähigkeiten. In seiner ›Ansprache zum Schulbeginn‹ hatte Kästner selbst gesagt: »Der Lehrer ist kein Zauberkünstler« *(W 2, 195)* – dann dürfte der Umkehrschluß doch wohl ebenso gelten.

Reizvoll wäre eine Vorstellung etwa mit Kästner als Stenograph, Kästner als Koch oder Kästner auf Reisen. Ebenso lohnend wäre wahrscheinlich: Kästner als großer kleiner Mann (1,68 m), als Weihnachtsmann oder als Sportsmann. Nicht in der Lage sieht sich die Autorin zu einer Darstellung von Kästner als Katzenfreund, obwohl gerade hierzu Material im Überfluß vorhanden wäre und Kästner manches aufschlußreiche Gespräch nicht mit Hunden, sondern mit seinen Katzen führte. All diese Vorstellungen müssen heute jedoch ausfallen, da sich nun der Vorhang hebt für drei Gestalten, die Kästner-Kindern und -Kennern freilich auch nicht mehr ganz unbekannt sind: Manege frei für den Doppelgänger, den Zauberkünstler und den Zuckerwarenfabrikanten.

Ein Doppelgänger ist Kästner, weil er sich doppelt sieht, oft genug auch ohne Spiegel. Seine berühmteste Doppelrolle sind zweifellos die ›Doppelten Lottchen‹, und vor allem während der Hitler-Zeit erzählt Kästner viele Doppelgänger-Geschichten. Verdoppelt hat er sich schließlich in den von und nach ihm erdachten Figuren, die sich ihrerseits innerhalb eines Buches und des gesamten Werkkosmos wieder verdoppeln und vervielfachen, bis schließlich eine ganze Welt geistiger Kinder, eine ganze Kinderwelt entsteht.

Der Verdacht, das Werk eines Künstlers sei immer auch ein Stück seiner Autobiographie, trifft wohl kaum einen Autor so zu recht wie Erich Kästner. Wie in jeder Autobiographie jedoch wird auch bei Kästner Leben zu Kunst und Wahrheit zu Dichtung. Das sei, zur Warnung aller Biographen, nachdrücklich in Erinnerung gerufen. Nicht mit dem Zeigefinger, erst recht nicht mit dem Zeigestock, sondern mit dem Zauberstab verwandelt Kästner die Wirklichkeit in Geschichten, die Geschichten wieder in Wirklichkeit und das Leben in eine Bühne. Hin und wieder anzutreffende Requisiten wie Frack, Fliege oder Zylinder lassen erahnen, daß hier ein Zauberkünstler am Werk ist, der eines ins andere, Sein in Schein verwandeln und Sichtbares unsichtbar werden lassen kann. Wenn also etwas in diesem ganzen Zirkus einen doppelten Boden hat, dann nicht Kästners Moral, sondern seine Kunst. Ebenso ist seine Sprache, auch die seiner Kinderbücher, keineswegs klar und einfach, son-

2 Zeichnung von Harry R. Freder aus der Broschüre zur Einweihung der Erich Kästner-Schule in Rodheim v.d.H. 1966

dern ausgesprochen undurchsichtig und stellenweise mindestens doppelt. Manches der Kinderbücher entpuppt sich gar bei genauerem Hinsehen zugleich als noch etwas ganz anderes.

Einen weiteren, wichtigen Zaubertrick beherrscht der Frackträger: Wie das Leben und seine Erinnerungen in Geschichten, so verwandelt er Kunst in Geld. In seinen Stoffmappen findet sich eine kurze Notiz, worin Kästner das treffendste Selbstbildnis entwirft, das er je von sich gezeichnet haben dürfte. Unter der nachträglich hinzugefügten Überschrift ›Lieblingsfigur‹ ist zu lesen: »Ein weise gewordener, Kind gebliebener Mensch gründet plötzlich, um etwas Nützliches, Schönes trotz allem tun zu können, eine Zuckerwarenfabrik, in der er mit aller einfühlsamen Fantasie dank seiner Erinnerungsfähigkeit, alles bisher Dagewesene turmhoch schlägt. Er blüht auf. Man hält ihn für einen Spinner. Dabei ereignet sich jedoch, was gar nicht gewollt war: er wird reich!« So ganz ehrlich indes ist selbst dieses Künstlerporträt nicht. Das Reichwerden war natürlich sehr wohl gewollt, und es kam auch keineswegs wie von selbst. Wer unbedingt etwas von Kästner lernen will, dem seien sein Leben und Werk als ein Lehrgang empfohlen in Sachen Reklame, Vermarktung und der großen Kunst, aus Ideen Geld zu machen. Womit nichts gegen die Ideen, geschweige denn die Kunst gesagt sein soll.

Als Erich Kästner starb, war er ein reicher Mann, der sich um verlorene Groschen nicht mehr zu sorgen brauchte. Mit den Jahren war der Junge aus kleinbürgerlichen Verhältnissen zu einer populären Größe aufgestiegen und vom Klettern auf Dresdner Turnfesten zum Tanzen auf Münchner Presse-, Faschings- und anderen Bällen übergegangen. Begraben ist er auf dem Münchner St. Georgs-Friedhof in Bogenhausen, umgeben von weiterer Prominenz aus Theater und Film, aus literarischen und musikalischen Kreisen. Der Friedhof ist, nicht nur im Herbst, voller Melancholie. Allerdings ist er nicht links, sondern rings um die Kirche herum angelegt. Dort tanzte Kästner noch über seinen Tod hinaus weiter. Zur Beerdigung wurde seine Lieblingsmelodie gespielt: der Walzer aus dem ›Rosenkavalier‹. Damit sind ein weiteres, ein letztes Mal Schein und Sein miteinander verwoben. Die Rokokowelt und das ganze Quiproquo, welches Strauss und Hofmannsthal in ihrer Oper auf die Bühne bringen, mit künstlichen duftenden Rosen, wienerischer Maskerade und Spiegelsälen, ist eben zugleich ein Spiegel ihrer eigenen Zeit. Und so geht es auch hierbei, ein letztes Mal, nicht ganz ehrlich zu: Der Walzer nämlich war zur Zeit von Maria Theresia noch gar nicht erfunden.

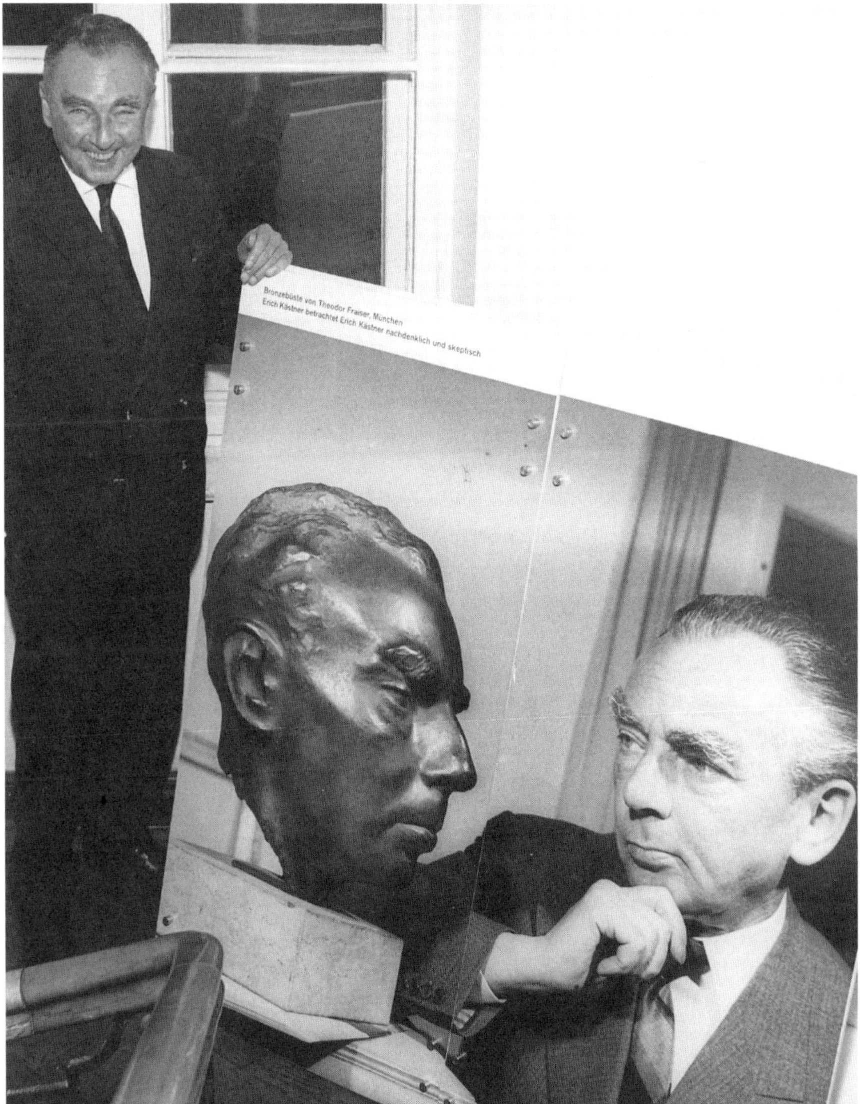

3 Zur Eröffnung der Ausstellung des Goethe-Instituts in der Internationalen Jugendbibliothek München, 1964 (Photo: J.K. Plaas, Augsburg; EKA)

Die Sache mit Emil: Ein strapazierfähiger Junge

»Die Geschichte fängt noch gar nicht an.« Mit diesen Worten beginnt der erste Roman von Erich Kästner, der zugleich sein erster Roman für Kinder ist. Oder vielmehr: Er beginnt eben noch nicht. Zuvor nämlich erklärt uns Herr Kästner, also der Autor, also der Erzähler, welche Geschichte er nicht erzählen wird: keinen Südseeroman, keine Indianergeschichte, nichts Exotisches, nichts Erfundenes. Statt dessen wird er nur von Dingen erzählen, die er kennt. Damit meint er einerseits die Großstadt, Untergrundbahnen, Hotels, Kinder wie du und ich, und andererseits Erinnerungen. Es wird nicht ganz klar, woran er sich erinnert: ob an etwas, was er einmal gehört hat, oder an etwas, was ihm einmal selbst passiert ist; der ganze Roman aber, dessen können wir nach dieser Einleitung sicher sein, wird nur von Sachen handeln, die es wirklich gibt oder gegeben hat. Und dann geht »die Sache mit Emil« *(W 7, 199)* endlich los.

Es ist offensichtlich und sattsam bekannt, daß Kästner in ›Emil und die Detektive‹, seinem Romandebüt von 1929, von etwas schreibt, was er kennt, nämlich von sich selbst. Ein Muttersöhnchen und Musterknabe wie Emil war auch Erich – und wird im übrigen auch Anton sein, der Titelheld des Nachfolgeromans ›Pünktchen und Anton‹ von 1931. Sie alle drei haben eine Mutter, die als Friseuse Geld verdient, sind ausgezeichnete Schüler, machen den Haushalt und kochen das Essen, wenn die Mutter einmal krank ist. Auch die Namen von Menschen und Orten aus Kästners Biographie werden, ein wenig versetzt und verschoben, zu Menschen und Orten in seinem Roman. ›Pony‹ ist Erichs und Emils Kusine und heißt wie Erichs Freundin; Erichs Dresdner Nachbarjunge Gustav Kießling verdoppelt sich und wird zu ›Gustav mit der Hupe‹, einem der Detektive, sowie Herrn ›Kießling‹, einem der falschen Namen des Diebes, und wenn Emil aus ›Neustadt‹ kommt, dann sicher deshalb, weil Erich früher in Dresden-Neustadt wohnte. Angeblich hat sogar ein Erlebnis aus seiner Kindheit Kästner auf die Idee der Verfolgungsjagd quer durch Berlin gebracht: Erich hat als kleiner Junge einmal eine Betrügerin durch ganz Dresden verfolgt – oder sollte er sich an seine Mutter erinnern, die ihrerseits so unauffällig wie möglich den kleinen Jungen auf seinem Schulweg verfolgte, um sicherzugehen, daß ihm nichts zustößt?

Von eigenem also handelt der Roman ohne Frage. Und die Großstadt, genauer: die Großstadt Berlin, ist seine zweite Protagonistin. Die Straßenbahnlinie 177, das Café Josty an der Kaiserallee, Schumannstraße 15, Taxis und Telefone, Leuchtreklame und Litfaßsäulen bilden die Kulissen, worin die Detektive sich in modernen Transportmitteln bewegen und mit modernen Kommunikationsmitteln, noch dazu im Kinderjargon, verständigen. Das war es, was Rezensenten wie Kinder damals begeisterte. Der

4 Reklame des Verlags Williams & Co., Berlin-Grunewald

dreißigjährige Autor, der – wie Emil – erst seit kurzem in Berlin ist und so fleißig wie erfolgreich an seiner Karriere bastelt, erhält Briefe und Anrufe von Kindern, die immer wieder wissen wollen: Ist die Geschichte denn wirklich wahr? Die Kritik lobt ihn für die Gegenwartsnähe seines Romans und feiert ihn als Überwinder der altmodischen Feen- und Zaubermärchen.

So völlig außergewöhnlich ist ›Emil und die Detektive‹ in dieser Hinsicht allerdings nicht. Die Kinderbuchszene der Weimarer Republik kennt viele Versuche, die soziale Wirklichkeit den Kindern und die Kinderliteratur der Wirklichkeit näher zu bringen. Vor allem von politisch linker Seite, doch auch quer durch das gesamte politische Spektrum entstehen in dieser Zeit Kinderbücher wie Wolf Durians ›Kai aus der Kiste‹ *(1927)*, Wilhelm Speyers ›Der Kampf der Tertia‹ *(1927)*, Alex Weddings ›Ede und Unku‹ *(1931)* – der erste Anti-Kästner – oder Karl Aloys Schenzingers ›Der Hitlerjunge Quex‹ *(1932)*, worin echte Jungens mit dem wahren Leben konfrontiert werden.

Zum Erfolg eines Buches braucht es (fast) immer auch das, was man heute Marketing nennen würde, damals Reklame zu nennen begann und manchmal auch Propaganda nannte. Was speziell das Werben von Kindern anging, konnte Kästner bereits durch seine Mitarbeit an der ›Kinderzeitung von Klaus und Kläre‹ einiges lernen, einer vierzehntägigen Beilage zu dem Leipziger Familienblatt ›Beyers für Alle‹, das ab 1927 herauskam. Diese Kinderbeilage ist das Musterbeispiel eines erfolgreichen Werbefeldzugs und dafür, wie man Kinder als Käufer, Leser und Autoren mobilisiert. Hinter ›Klaus und Kläre‹, den Namen zweier Kinder, verbargen sich Hilde Decke, die Chefredakteurin des Blattes, und weitere Mitarbeiter, darunter Kästners spätere Lebensgefährtin Luiselotte Enderle. Diese traten ihrerseits als ›Tante Hilde‹, ›Onkel Emil-Curt‹ und in ähnlich familiärer Verkleidung in Erscheinung – oder eben nicht. In Heft 63 beispielsweise waren Photos der gesamten ›Familie‹, sogar von Kläre und Klaus zu sehen. In Heft 64 dann wurde der Leserbrief eines Mädchens abgedruckt, das bei einem Besuch im Leipziger Beyers-Verlagshaus leider nur die Spuren der Arbeit von Klaus und Kläre auf den Tischen, Tante Hilde dagegen persönlich in Augenschein nehmen konnte. Die schenkte ihr zum Abschied eine Tafel Schokolade und ein Abzeichen. Das Abzeichen war eine der vielen wirksamen Werbeideen, welche sowohl den Umsatz als auch das Zusammengehörigkeitsgefühl der Kinder steigerten. Brieffreundschaften wurden gestiftet, Nummer für Nummer die Namen sämtlicher neu hinzugekommener Kinder veröffentlicht, man erfand ein eigenes Lied – Text der zweiten Strophe: »Von der Memel bis zur Donau, / Nordwärts bis zum Belt / Sind wir eine Schar von Brüdern, / Die zusammenhält.« *(1931, Heft 81, S. 579)* – , einen eigenen Gruß, Ende des Jahres 1930 wurde aus dem Kreis der Kinder sogar die Gründung von »Ortsgruppen« angeregt. All dies geschah stets unter reger Beteiligung des kleinen Publikums in Form von Umfragen, Briefaktionen und Preisausschreiben.

In dieser Kinderbeilage veröffentlichte Erich Kästner gelegentlich Gedichte, Artikel und Geschichten. Zum Teil wurden diese von seinem Freund Erich Ohser illustriert, der unter seinem Künstlernamen e.o. plauen die berühmt gewordenen Bildergeschich-

5 Titelzeile der Kinderbeilage von ›Beyers für Alle‹

ten von ›Vater und Sohn‹ gezeichnet hat. Ob Kästner nur Beiträge geliefert oder als Briefkastenonkel, Marktstratege, Klaus oder Kläre an der Redaktion mitbeteiligt war, ist leider nicht mehr zu ermitteln, doch daß er dort den einen oder anderen Werbetrick gelernt hat, ist anzunehmen. In jedem Fall zeigt die ›Kinderzeitung von Klaus und Kläre‹ beispielhaft, wie um 1930 kindliches Lesepublikum angesprochen werden konnte und wie man Kinder (um sich) sammelt.

Der junge Autor ist also, als ›Emil und die Detektive‹ erscheinen, bereits ein alter Hase im publizistischen Betrieb. Dazu kommt, daß er mit seinem ›Emil‹ wirklich ein gutes Buch geschrieben und zudem noch das Glück hat, an eine findige Verlegerin zu geraten. Edith Jacobsohn, die Witwe und Nachfolgerin von Siegfried Jacobsohn, dem Herausgeber der ›Weltbühne‹, besaß den Kinderbuchverlag Williams & Co. Sie hatte mit Hugh Loftings ›Doktor Dolittle‹ und A.A. Milnes ›Pu der Bär‹ bereits zwei von ihr selbst aus dem Englischen übersetzte Kinderklassiker im Programm und, Kästner zufolge, diesen überhaupt erst auf die Idee gebracht, ein Kinderbuch zu schreiben. Ihr kam auch der Gedanke, die Begeisterung der Kinder zu Werbezwecken zu nutzen. Der werdende Kinderbuchonkel schreibt seiner Mutter am 25. November 1929, also einen Monat nach Erscheinen des Romans: »vorgestern kam der Brief von einem kleinen Jungen. Den leg ich Dir heute in einer Maschinenschrift bei. Das Original schick ich gerade der Frau Jacobsohn. Sie will den Brief vielleicht, so wie er ist, handschriftlich also, vervielfältigen lassen und damit Reklame machen. Ist er nicht reizend, der kleine Kerl? Ist überall rumgelaufen – Kaiserallee, Trautenaustraße, Nollendorfplatz usw. – und hat sich die Gegend, in der der »Emil« spielt, genau angeschaut. Rührend! Das macht Spaß, so was zu schreiben!« *(E. Kästner: Mein liebes, gutes Muttchen, Du! S. 96)* In der Tat werden die Briefe eines Hans-Albrecht Löhr und einer Braunschweiger Mädchenklasse mit sämtlichen Echtheit bezeugenden Schreibfehlern faksimiliert und für einen vierseitigen Prospekt verwendet, der für das Buch, für den Autor und dafür wirbt, letzte-

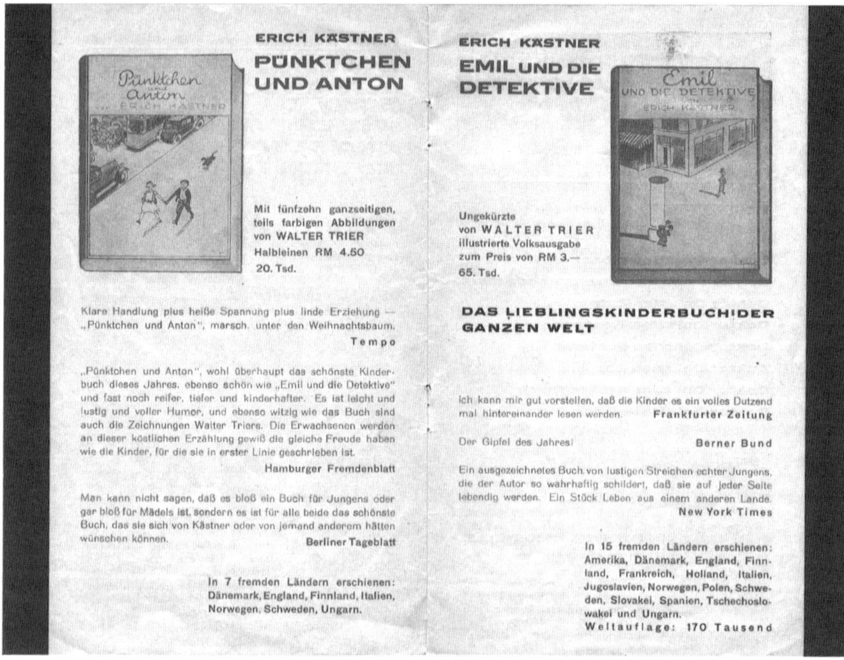
ERICH KÄSTNER
PÜNKTCHEN UND ANTON

Mit fünfzehn ganzseitigen, teils farbigen Abbildungen von WALTER TRIER
Halbleinen RM 4.50
20. Tsd.

Klare Handlung plus heiße Spannung plus linde Erziehung — „Pünktchen und Anton", marsch, unter den Weihnachtsbaum.
Tempo

„Pünktchen und Anton", wohl überhaupt das schönste Kinderbuch dieses Jahres, ebenso schön wie „Emil und die Detektive" und fast noch reifer, tiefer und kinderhafter. Es ist leicht und lustig und voller Humor, und ebenso witzig wie das Buch sind auch die Zeichnungen Walter Triers. Die Erwachsenen werden an dieser köstlichen Erzählung gewiß die gleiche Freude haben wie die Kinder, für die sie in erster Linie geschrieben ist.
Hamburger Fremdenblatt

Man kann nicht sagen, daß es bloß ein Buch für Jungens oder gar bloß für Mädels ist, sondern es ist für alle beide das schönste Buch, das sie sich von Kästner oder von jemand anderem hätten wünschen können.
Berliner Tageblatt

In 7 fremden Ländern erschienen: Dänemark, England, Finnland, Italien, Norwegen, Schweden, Ungarn.

ERICH KÄSTNER
EMIL UND DIE DETEKTIVE

Ungekürzte von WALTER TRIER illustrierte Volksausgabe zum Preis von RM 3.—
65. Tsd.

DAS LIEBLINGSKINDERBUCH DER GANZEN WELT

Ich kann mir gut vorstellen, daß die Kinder es ein volles Dutzend mal hintereinander lesen werden.
Frankfurter Zeitung

Der Gipfel des Jahres!
Berner Bund

Ein ausgezeichnetes Buch von lustigen Streichen echter Jungens, die der Autor so wahrhaftig schildert, daß sie auf jeder Seite lebendig werden. Ein Stück Leben aus einem anderen Lande.
New York Times

In 15 fremden Ländern erschienen: Amerika, Dänemark, England, Finnland, Frankreich, Holland, Italien, Jugoslavien, Norwegen, Polen, Schweden, Slovakei, Spanien, Tschechoslowakei und Ungarn.
Weltauflage: 170 Tausend

6 Aus einem Prospekt des Williams-Verlages von 1932/33

rem wegen ersterem doch noch mehr Briefe zu schicken. Aus noch mehr Briefen macht Kästner einen Artikel mit dem Titel ›Mein »kleines« Publikum‹ – die Anführungszeichen um das Adjektiv ›klein‹ dürfte er mit einiger Genugtuung gesetzt haben – und gibt diesen wiederum an verschiedene Zeitungen. So völlig außergewöhnlich ist all das freilich nicht. Else Ury, die Autorin der ›Nesthäkchen‹-Bücher beispielsweise, beantwortete ebenfalls regelmäßig Nesthäkchenpost, lud die Absender, dem Image zuliebe, gelegentlich zu Kuchen und Schokolade zu sich nach Hause ein und brachte, dem Verlag zuliebe, nach Abschluß der Serie noch ein Buch mit dem Titel ›Für meine Nesthäkchenkinder‹ *(1932)* heraus.

In seiner Fanpost und in den Zeitungsrezensionen wird wiederholt vorgeschlagen, ›Emil und die Detektive‹ doch zu verfilmen. Auch eine Fortsetzung wird gewünscht. Allen dreien, der Verlockung des neuen Mediums, der Möglichkeit einer Fortsetzung und dem Verlangen des Publikums, kann der Autor nicht widerstehen. Er wird sich und seiner Leserschaft alle drei Wünsche erfüllen. Zunächst aber kommt Emil auf die Bühne. Im November 1930 ist Premiere im Berliner Theater am Schiffbauerdamm, und die erdachten Kinder werden Wirklichkeit, täuschend echt. Hans-Albrecht Löhr, der Fan der ersten Stunde und bereits so etwas wie ein Lieblingsfan des Schriftstellers, bekommt die Rolle des kleinen Dienstag, doch was heißt da schon »Rolle«? ›Wenn Kinder Theater spielen‹, so die Überschrift eines von Kästner vor der Uraufführung lancierten Artikels, wenn Kinder Theater spielen, dann fallen Spiel und Wirklichkeit zusammen. »Sie spielen auf der Drehbühne so, wie sie sonst auf der Straße spielen. (...) Kinder sind nicht nur ideale Schauspieler, sie sind auch ideale Zuschauer. Ein Autor, der von Geschriebenem Wirkung erhofft, kann sich nichts Schöneres wünschen, als daß die Leser Literatur mit Wirklichkeit identifizieren und verwechseln.« *(W 6, 264f.)* So zumindest lautet die Version für Erwachsene. Den Kindern erzählt der Anwalt der Aufrichtigkeit eine andere Geschichte. In einem Leserbrief an Klaus und Kläre berichtet er ebenfalls von der Theateraufführung, betont nun aber immer wieder die illusionsbrechenden Momente – wobei er sich natürlich etwas anders ausdrückt: »Zur Premiere aßen die Kinder so viel Kuchen, daß die Zuschauer kein Wort verstanden. Der ›Professor‹ wäre fast erstickt, der Freßsack.« *(1930, Heft 79, S. 562)* Zur Erklärung: Das Stück endet, für die Theaterkinder zumindest, in einem großen allgemeinen Verzehr von Apfelkuchen, Kakao und Schlagsahne. Nicht, wie bei Else Ury, im eigenen Garten, sondern, bei Kästner, gleich auf offener Bühne.

Ein Jahr später sollen der große Erich und der kleine Dienstag, der Autor und sein Darsteller, erneut in persönlichen oder vielmehr geschäftlichen Kontakt treten: ›Emil‹ wird verfilmt. Das Drehbuch, nach einer Vorlage von Kästner und Emmerich Preßburger, stammt von Billie Wilder und macht den Autor gar nicht glücklich. Emil ist viel zu frech und das Ganze zu sehr auf Wilder Westen getrimmt. Nur mit Mühe können sich Autor und Drehbuchautor auf einen Kompromiß einigen. Das Medienspektakel beginnt schon vor Beginn der Dreharbeiten: 1260 Schulkinder bewerben sich um die Rollen der Detektive – das lassen sich die Zeitungen nicht entgehen. Den kleinen Dienstag spielt, erneut, der Theater-Dienstag Hans-Albrecht Löhr. Während der Aufnahmen in Neubabelsberg ist wieder die Presse dabei. Die Starlets werden interviewt: »›Gestatten: Hans Albrecht Löhr, Darsteller des ›Dienstag‹. Ich bin 9 Jahre alt, vorläufig noch auf der Grundschule. Wir sind geschieden. Den Vater habe ich seit 6 Jahren nicht gesehen. Die Mutter arbeitet auf der Charité, Hilfsärztin, oder so was Aehnliches. Mit Mutti bin ich recht zufrieden. Und daß wir geschieden sind, damit bin ich ganz und gar einverstanden: ich kann so machen, was ich will!‹ (...) ›Und vergessen Sie nicht zu schreiben!‹ ruft mir ›Dienstag‹ nach, ›wir protestieren gegen die Junggesellensteuer, die man uns von der Gage abzieht. Wir sind keine Junggesellen, wir sind Kinder!‹« *(Berlin am Morgen, 9. August 1931)* Kästner selbst rührt ebenfalls die Werbetrommel für seinen Film. Den Anlaß gibt eine tatsächliche Begebenheit: »Heute kam ich zufällig am Café Josty dazu – weil ich auf der Danatbank 100 M bekam – wie Emil von der Straßenbahn kletterte und zwischen den Autos stand, mit dem Blumenstrauß,

Ein Kinderfilm wird gedreht

1000 Schüler wollen filmen

Bei „Emil und den Detektiven" in Neubabelsberg

7 Schlagzeile aus ›Berlin am Morgen‹ vom 9. August 1931

und dann zum Kiosk ging. Komisch ist das, wenn man so seinen Figuren begegnet!« *(Mein liebes, gutes Muttchen, Du! S. 151)* Daraus macht Kästner einen rechtzeitig vor der Filmpremiere im Dezember 1931 lancierten Artikel für die Zeitung: ›Wiedersehen mit Emil‹. Was er im Brief an die Mutter »komisch« nannte, das bezeichnet er nun als »ein bißchen unheimlich« *(W 6, 283)* – die Begegnung mit den eigenen Figuren.

Und hier beginnt nun wirklich das Besondere an Kästners Kinderbüchern: Das Spiel mit Spiel und Wirklichkeit, die Verbreitung des Ereignisses und die Verdopplung, ja Vervielfältigung der Kinder durch die Medien findet nicht nur um die Bücher herum, sondern in den Büchern selbst statt. Was Kästner wirklich erlebte (wenn wir ihm das glauben), was er seiner Mutter schrieb und in seinem Artikel wiederverwendete, das Wiedersehen mit den eigenen Figuren nämlich, das dient ihm zur Eröffnung der Fortsetzung des ›Emil‹. 1934 erscheint der Roman ›Emil und die drei Zwillinge‹, im Untertitel: »Die zweite Geschichte von Emil und den Detektiven«. Diese beginnt mit einer weiteren Version der unheimlichen Begegnung: Im Vorwort des Romans trifft Herr Kästner seinen Emil, der gerade hinter dem Kiosk steht und den Dieb auf der Terrasse des Café Josty belauert – und muß feststellen, daß es nur der Darsteller des Emil ist. Dem ›Professor‹ dagegen – das ist, im Vorwort, einer der ›echten‹ Detektive, der am Drehort die Authentizität der Filmaufnahmen überwacht – begegnet er leibhaftig. Mit dessen Vater, dem Justizrat Haberland, führt er sogar ein gelehrtes Gespräch über Wirkliches und Nachgemachtes, worin der Justizrat, also die erdachte Figur, äußert, »die Kunst sei eine Fiktion der Realität. Aber er meinte es nicht böse.« *(W 7, 311f.)*

Genau genommen beginnt dieses Spiel und damit das Besondere an Kästners Kinderbüchern aber nicht erst in der Fortsetzung, sondern, wie das mit Anfängen so üblich ist, gleich zu Beginn der ganzen Geschichte. Emil, der Junge aus der Provinz, ist in der großen Stadt stets ideal placiert. Kaum in Berlin angekommen, stellt er seinen Koffer gleich zielsicher »zwischen dem Kiosk und einer Litfaßsäule« ab *(W 7, 245)*, zwischen Zeitungen und Reklame also. Das Standquartier der Detektive, der Hinterhof am Nollendorfplatz, ist mit »allem Komfort der Neuzeit« ausgestattet, »Untergrundbahnhof gegenüber, Anlagen zum Verstecken, Lokale zum Telefonieren. Besser geht's gar nicht.« Natürlich nicht, denn der Hof liegt zugleich »hinter dem Kino und dem Theater«

Emil und die Detektive

Produktion: Günther Stapenhorst
Manuskript: Billie Wilder,
nach dem Roman von Erich Kästner
Musik: Allan Grey

Regie: Gerhard Lamprecht

Darstellerverzeichnis:

Grundeis	**Fritz Rasp**	Gustav mit der Hupe	**Hans Schaufuß**
Frau Tischbein	**Käthe Haack**	Professor	Hubert Schmitz
Emil Tischbein, ihr Sohn	**Rolf Wenkhaus**	Fliegender Hirsch	Hans Richter
Wachtmeister Jeschke	Rudolf Biebrach	Dienstag	Hans-Albrecht Löhr
Die Großmutter	Olga Engl	Gerold	Ernst-Eberhard Reling
Pony Hütchen	Inge Landgut	Mittenzwei	Waldemar Kupczyk

Ferner wirken mit:
Martin Baumann, Gerhard Damann, Rudolf Lettinger, Margarete Sachse,
Georg Schnell

Aufgenommen auf Klangfilm

Weihnachten 1931
UFA-PALAST

Kupfertiefdruck von August Scherl G. m. b. H., Berlin SW68 (Germany)

8/9 Werbung der Ufa für die ›Emil‹-Verfilmung

Das ist Emil, der Oberdetektiv – ein Bengel, der in die Welt paßt. Werden Sie wieder jung mit ihm. Erfreuen Sie sich an seinen Streichen und Abenteuern.

(259). Die Kinder selber ahnen schon, daß aus ihnen dereinst noch mehr werden wird, auch wenn sie zunächst so tun, als sei ihnen das gar nicht recht. »Also Emil, du Rabe«, schimpft Pony Hütchen ihren Vetter, »kommt nach Berlin und dreht gleich 'nen Film!« *(261)* Der freundliche Herr schließlich, der Emil zu Beginn des Romans in der Straßenbahn mit dem Fahrgeld ausgeholfen hatte, entpuppt sich am Ende als der Reporter Kästner, der den Jungen gleich – nein, vorher essen sie gemeinsam Kuchen mit Schlagsahne – mit auf die Redaktion nimmt, um aus seiner Geschichte eine Zeitungsmeldung zu machen. Und ganz zum Schluß landet Kästner den entscheidenden Coup – eine Idee, auf die selbst Alfred Döblin in ›Berlin Alexanderplatz‹, ebenfalls von 1929, nicht gekommen war: Er druckt die Schlagzeile des Artikels ab, der über Emil in der Zeitung stand. Aber nicht klein und unscheinbar, im fortlaufenden Text, sondern eingerückt, in großen Lettern, und mitten auf der Seite:

Ein kleiner Junge als Detektiv!
Hundert Berliner Kinder auf der Verbrecherjagd

Was so in der Zeitung steht, das muß stimmen. Auf diese Weise wird aus einer Erinnerung eine Zeitungsnotiz.

Damit beginnt Emils Siegeszug durch die und sämtliche Medien. Die Reklamefachleute der Ufa lassen sich sogar noch etwas einfallen, worauf Kästner nicht gekommen war: Als Werbung für den Film wird ein Filmspiel herausgebracht: Emil, Gustav mit der Hupe, Pony Hütchen, der Professor, der fliegende Hirsch – der eigentlich Krummbiegel heißt und ein Relikt von der Indianerbesessenheit des Drehbuchautors Billie Wilder ist – und der kleine Dienstag fangen den Dieb. Sämtliche Figuren beziehungsweise die Porträtfotos ihrer Darsteller sind auszuschneiden und auf dem Spielplan so lange zwischen Bahnhof, Café Josty, Zeitungskiosk, Telefonzelle und Polizeipräsidium hin- und herzuschieben, bis der Dieb festsitzt. Es funktioniert ausgezeichnet und merkwürdigerweise immer. Der Mainzer Spieleverlag Jos. Scholz bringt, ebenfalls noch rechtzeitig zum Weihnachtsgeschäft 1931, ein von Braun-Fock nach der Filmwerbung gestaltetes Spiel heraus: »Emil und die Detektive. Nach Roman, Theaterstück und Film nun ein Gesellschaftsspiel. (…) Die Theaterbesitzer können also, wenn sie den Film einsetzen, nicht nur mit Buchhändlern eine Gemeinschafts-Schaufensterpropaganda vereinbaren, die auf dem Roman basiert, sondern auch mit Spielwarengeschäften, die das reizende Spiel gewiß gern serienweise aufstellen werden.« *(Film-Journal, 27. Dezember 1931)*

Am 10. Mai 1933 finden in Berlin die Bücherverbrennungen statt. Kästner ist nicht nur im Publikum, sondern auch unter den verbrannten Autoren, eine riskante Kombination. Im Dezember 1933 wird er zum ersten Mal verhaftet. Im Gestapo-Hauptquartier begrüßt man ihn mit den Worten: »Da kommen ja Emil und die Detektive!« *(W 6, 416)* Seine Bücher stehen auf den Schwarzen Listen der Nationalsozialisten – alle, außer ›Emil‹. Der ist so beliebt, daß man sich nicht traut, ihn zu verbieten. Erst im Oktober 1935 wird auch ›Emil und die Detektive‹ in die ›Liste 1 des schädlichen und unerwünschten Schrifttums‹ aufgenommen. Doch noch zur Feier des ›Tages der deutschen Polizei‹ am 16. Januar 1937 kann man auf ›Emil‹ nicht verzichten; auf die Nennung des Namens seines Schöpfers freilich schon. Bis 1939 noch ist Emil, wenn auch gut versteckt, im Katalog der Spielefirma Scholz zu finden. Im Januar 1939 wurde der Antrag seines Autors auf Aufnahme in die Reichsschrifttumskammer abgelehnt. Spätestens das wäre, nach einer zweiten Verhaftung 1937, der Anlaß gewesen, Deutschland zu verlassen. Walter Trier, der Zeichner des Emil, und Edith Jacobsohn, seine Verlegerin, waren bereits vor einigen Jahren emigriert. Doch Kästner blieb. Geschrieben allerdings hat er von nun an bis 1945 nur noch unter Pseudonym und, meistens, illegal. Später wird er erfahren, daß 1942 in Theresienstadt Häftlingskinder für Häftlingskinder ›Emil und die Detektive‹ aufgeführt haben. *(K. Kordon: Die Zeit ist kaputt, S. 133)*

Nach dem Krieg wird der gesamte Roman gleichsam zur Zeitung: 1947 erscheint ›Emil‹, da billiger und papiersparender, als Rotationsroman in der Reihe der Williams Jugendhefte. Im selben Jahr findet die erste deutsche Nachkriegsaufführung im Berliner Metropoltheater statt. Der nach wie vor und wieder berühmte Schriftsteller wohnt zwar seit Kriegsende in München, kommt aber für die Proben nach Berlin und läßt sich inmitten der Schar seiner Darsteller fotografieren; alle, Kinder wie Theateronkel, mit einer Tasse Kakao in der Hand. Nach bewährtem Muster wird auch diesmal aus dem Theaterbesuch ein Zeitungsartikel, doch diesmal ist der Ton ein anderer und die Wirklichkeit stärker als das Spiel gewesen: »Siebzehn Jahre ist es nun her. Damals führte Karl-Heinz Martin Regie. In den Probepausen spielten wir mit den Jungens auf der Bühne am Schiffbauerdamm Fußball. Es war eine schöne Zeit. Obwohl man bereits spürte, daß sie früh sterben werde. Die schöne Zeit starb. Und auch mancher der Jungens mußte sterben – so unser ›Gustav mit der Hupe‹, Hans Hermann Schaufuß' Sohn, und ›der kleine Dienstag‹, der liebe, gescheite Hans Albrecht Löhr. Der Krieg brachte sie um. Hans Albrechts Mutter war auch diesmal im Theater. Wir gaben uns die Hand. Wir sprachen nur ein paar Worte miteinander. Wir dachten an ihren Sohn und an die, die schuld sind.« *(Die Neue Zeitung, 15. April 1947)* Mit Frau Löhr wird Kästner noch bis in die sechziger Jahre hinein Briefe wechseln. Bücher, Widmungen und Geschenke gehen hin und her. Zu seinem 64. Geburtstag schreibt ihm die Mutter des Film- und Theatersohnes:

Lieber Herr Kästner,

Und wenn Sie mich auch auslachen und vielleicht denken: »Alte ....« so zwickt es mich doch, Ihnen wie alljährlich zum Geburtstag alles, alles Gute für das kommende Lebensjahr zu wünschen. Ich hoffe sehr, daß Sie wieder vollkommen gesund sind und es auch weiterhin bleiben. Sie wissen sicher, daß ich kürzlich, bei der Eröffnung der Kinemathek eine Einladung von Herrn Lamprecht bekam, um mir den »richtigen« EMIL anzusehen. Es ging mir sehr, sehr nahe, aber es war wiederum doch schön, nocheinmal das Jungchen zu sehen und auch sprechen zu hören. Wie schade, daß Sie nicht mit dabei sein konnten. Herr Lamprecht erzählte mir, daß alle *Jungen – außer Hans Richter – nicht mehr am Leben sind. Fräulein Mechnig war natürlich auch da und ich freute mich, den kleinen Professor aus dem Theaterstück am Schiffbauerdamm wiederzusehen. Er ist nun auch verheiratet und hat schon zwei Mädelchen. Aber Fräulein Mechnig wird Ihnen wohl alles darüber genauer berichtet haben. Ich grüße Sie sehr herzlich*

in alter Verbundenheit Ihre Lotte Löhr

Eine neue Kinoversion des ›Emil‹ von Robert A. Stemmle *(1954)* kann, zumindest im Film, manches ersetzen: Den kleinen Dienstag spielt nun der spätere Schlagersänger Roland Kaiser. Doch ersetzbar ist, selbst im Film, nicht alles: Nicht mehr durch das Berlin der Weimarer Republik verfolgt das Taxi der Detektive das des Herrn mit der Melone, ihr Standquartier ist nun die Ruine der Kaiser-Wilhelm-Kirche. Eine langsame Kamerafahrt bringt das zerstörte Kirchenschiff, auch einige erhaltene Mosaiken und Skulpturen, ins Bild und die vergangene Zeit ins Gedächtnis zurück, ja die Zeit überhaupt zur – stummen – Sprache. In Walt Disneys Verfilmung von 1963 begegnen sich Emil und Gustav am Kurfürstendamm; hinter ihnen ist das in der Zwischenzeit zur Kaiser-Wilhelm-Gedächtnis-Kirche gewordene Gebäude zu sehen.

Neben Deutschland und den USA haben auch Ungarn, Argentinien, Brasilien und Japan ihre jeweiligen Emils ins Kino gebracht. Ein deutscher Zeichentrickfilm war Mitte der neunziger Jahre geplant, ist aber nicht realisiert worden. Es gibt mehrere Emil-Musicals, und sogar das Emil-Spiel hat, nah und fern, Nachfolger gefunden. Selbstverständlich gibt es Emil und alle Detektive auch als Hörspiel, als LP, MC, CD und als Video. Übersetzt ist ›Emil und die Detektive‹ in mittlerweile 57 Sprachen, von Afrikaans bis Urdu. Literarische Berlin-Führer nehmen, als Buch und leibhaftig, regelmäßig Emils Fährte auf.

Anfang der sechziger Jahre, als Walt Disney ›Emil und die Detektive‹ verfilmen wollte, hatte Kästner sich gefragt, ob die Amerikaner den Emil wohl so hinbekämen, wie er sein sollte. Doch er beruhigte er sich selbst: »Der Junge ist ja strapazierfähig.« *(Briefe aus dem Tessin, S. 66)*

12/13 Umschlag der Originalausgabe und einer japanischen Übersetzung

Zu Beginn von ›Emil und die drei Zwillinge‹, der Forsetzung von ›Emil und die Detektive‹, erfährt der Leser, daß die Kinder größer, älter und Emils Hosen länger geworden sind. Damit hätte Emil die Chance gehabt, zum Serienhelden zu werden: Emil als Trotzkopf, wie in den Romanen der Emmy von Rhoden, die ihre Titelheldin durch alle Altersstufen und Lebensabschnitte begleitet, oder Emil als Meisterdetektiv und Mitglied im Club der Sherlock Holmes, Kalle Blomquist und TKKG. Beides ist in Emil II angelegt. Die erneut aufgerollte Detektivgeschichte verpufft allerdings eher kläglich. Der große Erfolg der Kinder besteht diesmal in einer beispielhaft organisierten Werbekampagne für – ihren eigenen Film. Und einen guten Zweck, das ist wahr. Die Mobilisierung der Kinder durch die Kinder dient in dieser zweiten Folge nicht der Wiedererlangung gestohlenen Geldes, sondern einer Spendensammlung zugunsten des arbeitslos gewordenen Zwillings, der eigentlich gar keiner ist. Doch Verstellung gehört zum Geschäft, schließlich ist der dritte Zwilling Artist. Das Motiv der Verstellung schiebt sich zudem zwischen Emil und seine Mutter, in dem Moment nämlich, als Herr Jeschke vom Wachtmeister nicht nur zum Oberwachtmeister, sondern zu deren prospektivem Ehemann avanciert. Auch auf diesem Gebiet lernt Emil dazu. Natürlich erfährt die Fortsetzung von ›Emil‹ ebenfalls Bearbeitungen für das Theater, eine Kinoversion allerdings gibt es bislang nicht.

14 ›Der Kinderbuchautor‹, 1930 (Photo: Atelier Witten, Bad Nauheim; EKA)

Vor seiner offiziellen Fortsetzung übrigens hatte Emil Tischbein bereits einen Bruder bekommen: Anton Gast, Sohn einer alleinerziehenden Friseuse und nicht nur im Buchtitel Partner von Pünktchen, einem kleinen Mädchen, das eigentlich Luise heißt. (Vielleicht also wurde die Entfremdung zwischen Emil und seiner Mutter gar nicht durch Oberwachtmeister Jeschke, sondern durch den Auftritt von Pünktchen hervorgerufen.) Luise, die sich, nur nebenbei gesagt, gleich zu Anfang des Romans ›Pünktchen und Anton‹ (1931) wünscht, ein Zwilling zu sein, Luise also besitzt erstaunliches Talent zur Verstellung und Schauspielerei. Anton dagegen kann kochen. Der anständige Junge ist arm, das künstlerisch veranlagte Mädchen ist reich. Beide Seiten des Erich Kästner finden sich und werden nicht nur ein Paar, sondern, was sonst, Detektive, die wieder einen Dieb hinter Gitter und die Erwachsenen zur Vernunft bringen. Beide kommen nicht nur zusammen, sondern darüberhinaus auf die Bühne und 1953, also mit gut zwanzig Jahren, ins Kino.

Dreht sich alles im Kreis? Es will so scheinen. In Erich Kästners Kinderwelt reichen sich die Kinder, die Figuren und ihre Verkörperungen über Generationen hinweg und als Geschwister – bisweilen sogar als Zwillinge – die Hände und schlingen Ketten durch die Zeiten, Menschen und Medien zugleich. Im Nachwort zu ›Pünktchen und Anton‹ bittet Kästner beinahe um Entschuldigung dafür, daß Emil und Anton einander so ähnlich seien: »Ich habe von Anton erzählt, obwohl er dem Emil Tischbein so ähnlich ist, weil ich glaube: Von dieser Sorte Jungen kann man gar nicht genug erzählen, und Emile und Antone können wir gar nicht genug kriegen!« Im Schlußbild dessen, was wieder ein neuer Anfang ist, reichen sich zwei Brüder, die beinahe Zwillinge sein könnten, zwei Vertragspartner, zwei Söhne und Doppelgänger von Erich Kästner die Hand. Mit ihrem Handschlag schließen sie den Pakt, öffnen sie den Kreis.

15 Schlußvignette aus ›Pünktchen und Anton‹, Zeichnung von Walter Trier

Münchhausens Schildbürgerstreiche: Nacherzählt von Erich Kästner

Bewährte Kinderbuchklassiker, nacherzählt vom bekannten Kinderbuchonkel – es klingt, als könne man sich beruhigt in den Ohrensessel zurücklehnen, die Füße hochlegen und die lieben Kleinen derweil unbesorgt auf der Spielwiese vertrauten Volksgutes mit romantischen Märchenfiguren herumtollen lassen. Doch aufgepaßt! Sie betreten vermintes Gelände, eine Welt der Verkleidungen und Verstellungen, des Lügens und Betrügens, der Scherze und Streiche, die zum Teil so halsbrecherisch sind, daß sie den Kopf kosten können. Die Welt von Kästners Nacherzählungen ist eine verkehrte Welt. Ihre Helden sind keine angepaßten Musterknaben, keine vernünftigen Kinder inmitten unvernünftiger Erwachsener, sondern Schelme und Narren. Till Eulenspiegel, der Lügenbaron Münchhausen, Gulliver und Don Quichotte, der Gestiefelte Kater und die Schildbürger, sie alle sind Außenseiter, die sich am Rande der Gesellschaft und stets auf der Grenze zwischen Schein und Sein bewegen. Hier wird gelogen, bis sich die Balken biegen, bis die Schwarte kracht, die Maske fällt und, zu guter Letzt, die Wahrheit ans Licht kommt. Zuweilen ist es nicht einmal sicher, ob es sich dabei ›nur‹ um Kinderbücher, ob es sich überhaupt um Kinderbücher handelt.

Kästner selbst schien beinahe verärgert über die allzu geringschätzige Aufnahme seiner Nacherzählungen. Am ersten April des Jahres 1966 diktiert er seiner Biographin, von sich in der dritten Person sprechend, folgendes in die Feder: »Es ist immer einmal wieder an der Zeit, solche unzerreißbaren Geschichten nachzuerzählen. Sonst schmecken sie den Kindern altbacken, obwohl sie alterslos sind. Daß man sie sprachlich verschimmeln ließe, wäre unverantwortlich. Verantwortungslos ist freilich die meist mit dümmlichen zehn Zeilen dokumentierte Gleichgültigkeit der Literaturbeilagen unserer Zeitungen. Dort werden solche Nacherzählungen mit zehn Zeilen von

16 Titelvignette aus ›Gullivers Reisen‹, Zeichnung von Horst Lemke

Leuten abgetan, die keine zehn Zeilen der Nacherzählungen gelesen haben. Kästner arbeitete an seiner Gulliver-Fassung über ein halbes Jahr. Und er machte sich – Swift möge es ihm verzeihen – das heimliche Vergnügen, die herrlichen Abenteuer durch eigene kleine Einfälle, bei den Zwergen wie bei den Riesen, zu bereichern. Daß es bis heute niemand gemerkt hat, ist kein Wunder. Denn die Kinder konnten es nicht merken, da sie das Original nicht kennen. Und die Zehnzeilenschinder konnten es erst recht nicht merken. Sie rezensierten, was sie nicht gelesen hatten.« *(So wörtlich übernommen in L. Enderle: Erich Kästner, S. 122ff.)*

Dies kommt einer Aufforderung gleich, einmal zu überprüfen, was der Satiriker Kästner den fiktiven Reiseberichten des Satirikers Swift denn hinzugedichtet haben könnte. Zunächst fällt das auf, was er verschwiegen hat. In Kästners Kinderfassung des von Swift 1726 und mitnichten für Kinder geschriebenen Buches unterbleiben, verständlicherweise, Anspielungen auf die philosophischen, moralischen, politischen und ästhetischen Diskussionen des achtzehnten Jahrhunderts. Doch auch Swifts große Fragen: Was ist der Mensch, unabhängig von seiner Sprache oder Körpergröße, was ist menschliches Verhalten, was ist Humanität – sie reduzieren sich bei Kästner im wesentlichen auf die Feststellung, daß Größe und Körpergröße nicht dasselbe seien. Die Sympathien des Nacherzählers liegen unmißverständlich bei den kleinen Leuten. Während er das Große zum Monströsen anwachsen läßt, wird das Kleine zum Niedlichen hin stilisiert. Wohl kann sich auch Kästners Gulliver einige politsatirische Spitzen nicht verkneifen. Dazu streut er in seinen Bericht ein paar Anachronismen wie »Schlaftabletten«, »Lebensmittelkarten«, »Großstadtverkehr« und ähnliches ein. Die Stärke dieser Bearbeitung liegt jedoch in der Tat in den vielen »kleinen Einfällen«: Ein Fischerjunge, der Gullivers Knopf wie einen Laib Schweizer Käse vergnügt nach Hause rollt, eine Kanonenkugel, die dem Riesen gerade einmal die Zungenspitze verbrennt – solche Hinzuerfindungen machen aus der Welt der (jeweils) Kleinen eine liebevoll geschilderte und reich ausgestattete Puppenstube.

›Gullivers Reisen‹ von 1961 ist die chronologisch letzte der Kästnerschen Nacherzählungen. Sie hat das Original zwar anders gewürzt, doch seiner Schärfe weitgehend beraubt. Immerhin zeigt sie, daß genaues Hinsehen lohnt. Fast fünfundzwanzig Jahre zuvor entstand die erste Bearbeitung eines Klassikers der Gesellschaftssatire, der ›Till Eulenspiegel‹. Es ist das letzte Buch, das Kästner in der NS-Zeit unter seinem Namen herausbringen kann. 1938 erscheint es im Schweizer Atrium-Verlag. Bereits das Erscheinungsjahr müßte hellhörig machen. Doch die Gutgläubigkeit, die man seinen Nacherzählungen entgegenzubringen pflegt, hat auch oder vielmehr ausgerechnet hier dazu geführt, daß das Buch noch in jüngsten Veröffentlichungen als harmlose Gaunerei oder frische, witzige Kindergeschichte abgetan wird. Dabei handelt es sich um nicht weniger als im Schafspelz des Kinderbuches geschmuggelte Konterbande.

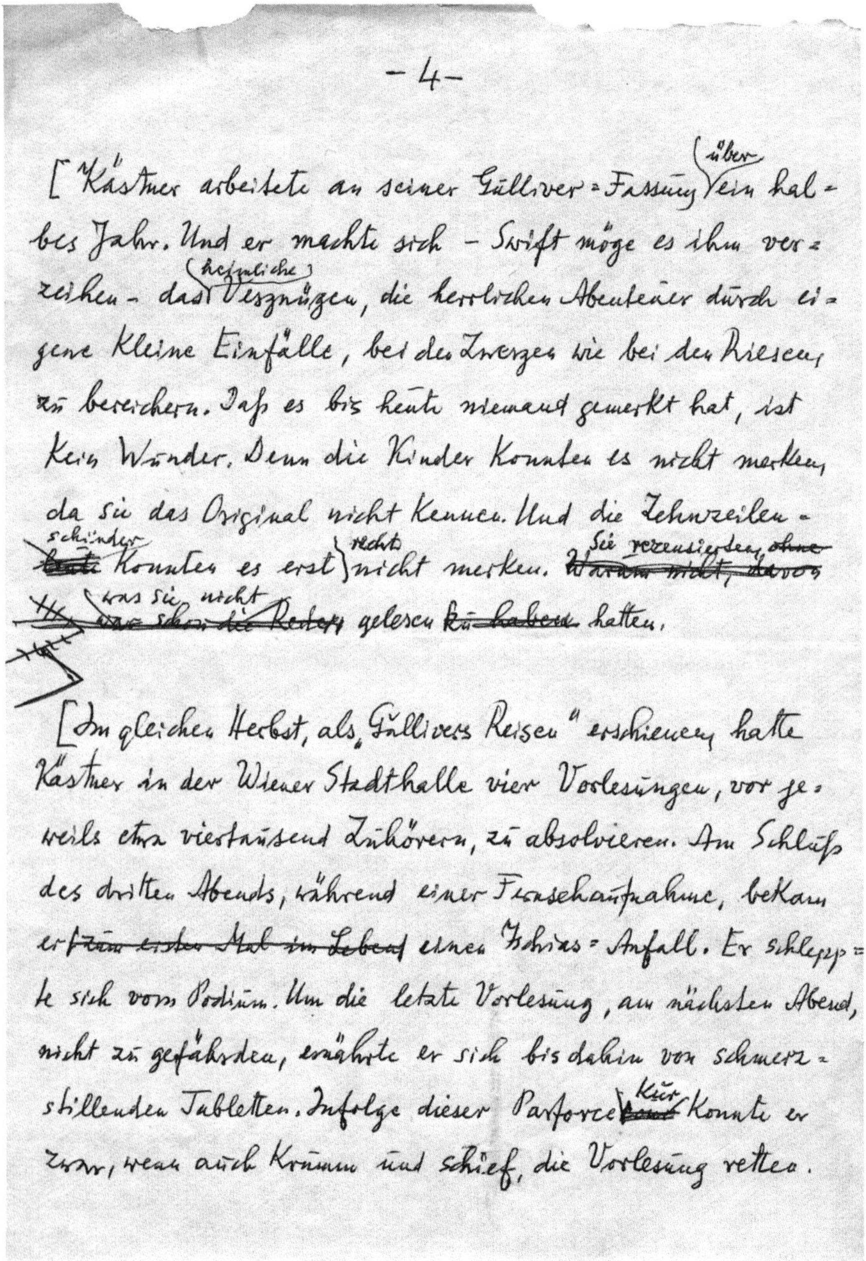

-4-

[Kästner arbeitete an seiner Gulliver-Fassung über ein halbes Jahr. Und er machte sich – Swift möge es ihm verzeihen – das heimliche Vergnügen, die herrlichen Abenteuer durch eigene kleine Einfälle, bei den Zwergen wie bei den Riesen, zu bereichern. Daß es bis heute niemand gemerkt hat, ist kein Wunder. Denn die Kinder konnten es nicht merken, da sie das Original nicht kennen. Und die Zehnzeilenschinder ~~[illegible]~~ konnten es erst recht nicht merken. Sie rezensierten, ~~ohne~~ ~~Warum nicht, davon~~ ~~[illegible]~~ was sie nicht ~~das schon die Redner~~ gelesen ~~zu haben~~ hatten.

[Im gleichen Herbst, als „Gullivers Reisen" erschienen, hatte Kästner in der Wiener Stadthalle vier Vorlesungen, vor jeweils etwa viertausend Zuhörern, zu absolvieren. Am Schluß des dritten Abends, während einer Fernsehaufnahme, bekam er ~~zum ersten Mal im Leben~~ einen Ischias-Anfall. Er schleppte sich vom Podium. Um die letzte Vorlesung, am nächsten Abend, nicht zu gefährden, ernährte er sich bis dahin von schmerzstillenden Tabletten. Infolge dieser Parforce~~[illegible]~~kur konnte er zwar, wenn auch krumm und schief, die Vorlesung retten.

17 Aus Kästners Entwurf für seine Biographie

Die Frage ist nur, ob man zu lesen versteht. Nicht umsonst, oder zumindest nicht zufällig handelt eine der Episoden davon, ›Wie Eulenspiegel einem Esel das Lesen beibrachte‹.

Bisweilen braucht der unbequeme Märchenonkel dem Original nicht ein Jota hinzuzufügen. Pazifist und Gesellschaftskritiker ist Eulenspiegel so gut wie sein Nacherzähler auch. Wenn in der vierten Episode alle Kranken fluchtartig das Hospital verlassen, weil Eulenspiegel gedroht hat, den Kränksten zu Pulver zu verbrennen, so ist der Verweis auf nationalsozialistische Euthanasieprogramme mehr als deutlich. Diese wurden erst mit Kriegsausbruch umgesetzt, doch seit 1933 hat man in Presse, Rundfunk, Film und auch Schulbüchern dafür Propaganda gemacht, und in der zweiten Jahreshälfte 1938 gingen vermehrt Briefe von Eltern in der Führerkanzlei ein, die um den ›Gnadentod‹ ihrer Kinder baten. Bisweilen genügt es dem Be-, Über- und Umarbeiter, eine Kleinigkeit zu ändern. Wenn es heißt: »Denn so wie denen in Prag (...) soll es uns nicht ergehen« *(W 9, 25)* – ohne daß, anders als im Volksbuch, zuvor je von Prag die Rede gewesen wäre – muß jeder Esel an das Münchener Abkommen vom 30. September 1938 denken, bei dem die Tschechoslowakei zur Abtretung des Sudetenlandes gezwungen wurde. Bisweilen genügt es, ein kleines *a parte* einzuflechten: »Es stimmt schon. Wer als Kind ein rechtes Radieschen war, wird als Erwachsener immer schlimmer. Noch dazu, wenn der Vater zu früh wegstirbt.« *(W 9, 18)* Gemeint ist natürlich Till Eulenspiegel. Doch jeder zeitgenössische Leser konnte, wenn er es nicht ohnehin wußte, durch die Lektüre von Hitlers ›Mein Kampf‹ beispielsweise erfahren, daß auch dieses Früchtchen früh, im Alter von dreizehn Jahren nämlich, seinen Vater verloren hat. Im letzten Kapitel schließlich streiten die Marktfrauen, von Eulenspiegel in Rage gebracht, so lange, bis zu guter Letzt die ganze Milch verschüttet, der Unruhestifter aber ungeschoren entkommen ist. Ein solches Happy end kann von 1938 aus gesehen allenfalls als frommer Wunsch oder kühne Prophezeiung betrachtet werden. In der Tat ist Kästner, der 1938 bereits zwei Verhaftungen durch die Gestapo hinter sich hat, mit heiler Haut davongekommen, und in der Tat hat die Hitlerei ein Ende genommen, das durch die eigenen größenwahnsinnigen Pläne zumindest mit verursacht wurde. Aber weder hat sich der Nationalsozialismus von selbst erledigt, noch hat Kästner-Eulenspiegel dieses Ende herbeigeführt.

Oder sollte er doch wenigstens das eine oder andere Schelmenstückchen dazu beigetragen haben? (Entscheidend ist eben immer, ob die Esel zu lesen verstehen.) Berühmt-berüchtigt ist die Geschichte von Kästners Mitarbeit an dem Durchhalte- und Ufa-Jubiläumsfilm ›Münchhausen‹. Der verbotene Autor erhält die Sondererlaubnis, den Machthabern sein Talent unter Pseudonym als Drehbuchautor zur Verfügung zu stellen. Um von der materiellen Not, den Bombenangriffen und der Schlacht von Stalingrad abzulenken, läßt Goebbels mit ›Münchhausen‹ einen Film drehen, für den weder Kosten noch Mühen (noch Spezialtricks) gescheut werden. Alles Lüge, denkt

18 Titel des Filmaufrisses von 1941

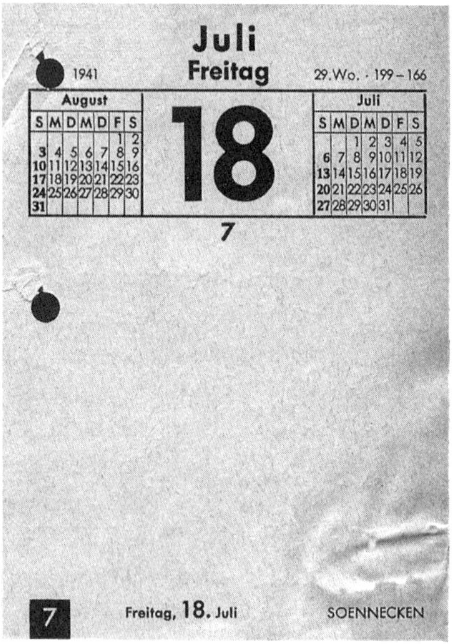

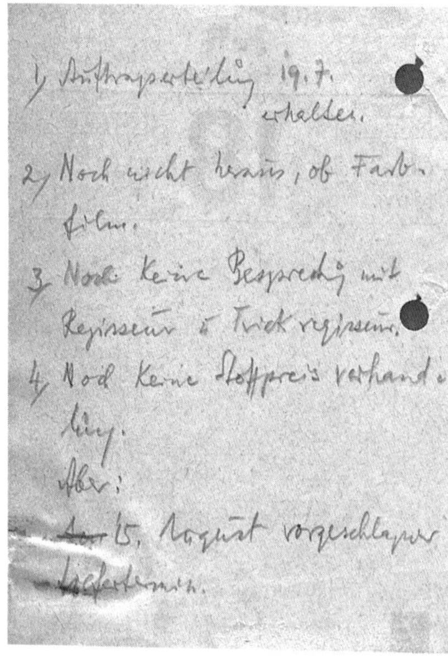

19/20 Abreißkalenderblatt. – Die Rückseiten dienten Kästner zur Verständigung mit seiner Sekretärin Elfriede Mechnig

sich der verfemte Drehbuchautor, der das Sujet vom Lügenbaron selbst vorgeschlagen haben soll, und schmuggelt in die Dialoge körnchenweise Wahrheit hinein. Wer Eselsohren hat, der höre den Freiherrn beispielsweise zu seinen Billardkugeln sagen: »Du wirst jetzt da hinaufgeschickt und denkst dir in deinem kleinen Elfenbeingehirn: Dort sei dein Ziel. Irrtum, mein Bester! Du wirst nur hinaufgeschickt, damit du (…) nach diesem Umweg endlich die Kugel triffst, der du zu Anfang schon so nahe warst.« *(W 5, 66f.)* Als der Film im März 1943 Premiere hat, ist die Katastrophe in Stalingrad eingetreten und die Sondererlaubnis für Kästner bereits widerrufen. Dieser hatte schon im Dezember 1941 einen fertigen Filmaufriß mit der Widmung versehen: »Der erste Schildbürger-Streich für die Gesammelten Werke Deines Aemilius«. Was bleibt, darf man fragen, von solch keineswegs narrensicherer Wahrsagerei in dem ein Jahrzehnt später erscheinenden Kinderbuch? Recht wenig. Im Vorwort des ›Münchhausen‹ für Kinder von 1951 rät der Nacherzähler seinen kleinen Lesern sogar, das Lügen zu unterlassen und statt dessen lieber die Rechenaufgaben zu machen.

Schildbürgerstreiche haben es dem eulenspiegelnden Lügenbaron besonders angetan. Vor allem in den ersten Nachkriegsjahren, doch auch späterhin nimmt Kästner in Kabarettszenen, Zeitungsartikeln und Vorträgen immer wieder die haarfeine Grenze zwischen Dummheit und Vernunft ins Visier, auf der die Bewohner der Stadt Schilda

21 Logo der Universum Film AG

ihr sprichwörtliches Unwesen treiben. Das berühmte Rathaus ohne Fenster wird dabei zum Aufhänger für zunächst beißende, später etwas leiser bellende Bürokraten-Satire und das den (Schild)Bürgern fehlende Licht dem unverbesserlichen Aufklärer Kästner zur willkommenen Metapher. Der aufklärerische Schwung trägt den Bearbeiter in diesem Fall sogar bis ins Kinderbuch hinein, das 1954 erscheint. In Wirklichkeit, läßt er die jungen Leute getreu der Fabel wissen, waren die Schildbürger gar nicht dumm, sondern im Gegenteil überaus gescheit. Hier äußert Kästner seine noch kaum gebrochene Zuversicht, daß die Menschen und insbesondere seine jugendlichen Leser im Grunde ihres Wesens vernünftige Leute sind. Darum nimmt er sie behutsam bei der Hand und buchstabiert ihnen die Moral einer jeden Geschichte zunächst vor, läßt sie aber bald am Schluß jedes Kapitels ihre Schlüsse selber ziehen. Das ist angewandte Aufklärung der feinsten Art und das Ergebnis eine höchst gelungene Mischung alter Geschichten mit moderner Didaktik.

Mit der Zeit gehen indes auch dem unerschrockensten Kämpfer die Kräfte aus – oder die Augen auf. Über Don Quichotte, so heißt es, hat das siebzehnte Jahrhundert gelacht, das achtzehnte gelächelt und das neunzehnte geweint. Kästner erzählt, wieder für Kinder und wieder nicht (nur) für sie, was das zwanzigste mit ihm gemacht hat.

22 Gebühren der Sondergenehmigung für den verbotenen Autor (EKA)

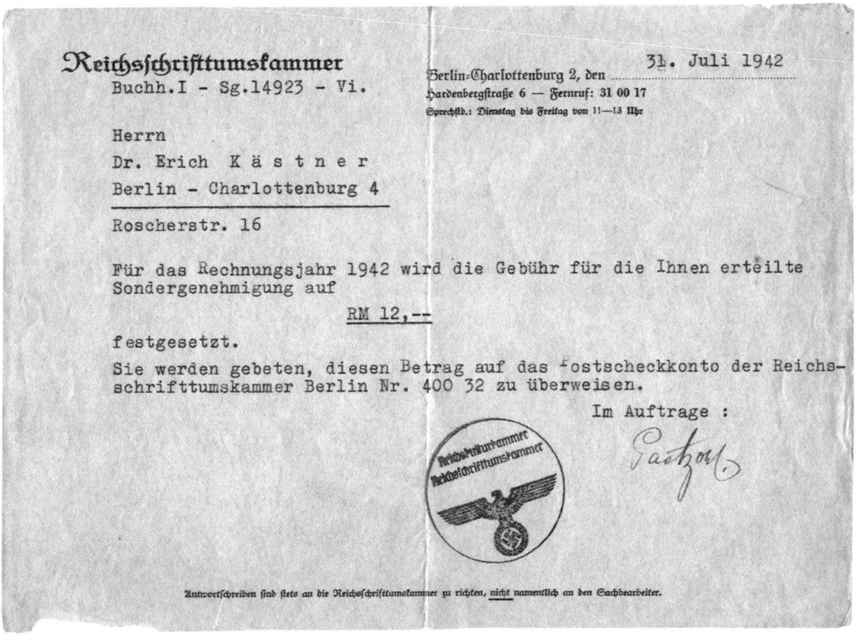

Reichsschrifttumskammer
Buchh.I - Sg.14923 - Vi.

Berlin-Charlottenburg 2, den 31. Juli 1942
Hardenbergstraße 6 — Fernruf: 31 00 17
Sprechstd.: Dienstag bis Freitag von 11—13 Uhr

Herrn
Dr. Erich K ä s t n e r
Berlin - Charlottenburg 4
Roscherstr. 16

Für das Rechnungsjahr 1942 wird die Gebühr für die Ihnen erteilte Sondergenehmigung auf

RM 12,--

festgesetzt.

Sie werden gebeten, diesen Betrag auf das Postscheckkonto der Reichsschrifttumskammer Berlin Nr. 400 32 zu überweisen.

Im Auftrage :

Antwortschreiben sind stets an die Reichsschrifttumskammer zu richten, nicht namentlich an den Sachbearbeiter.

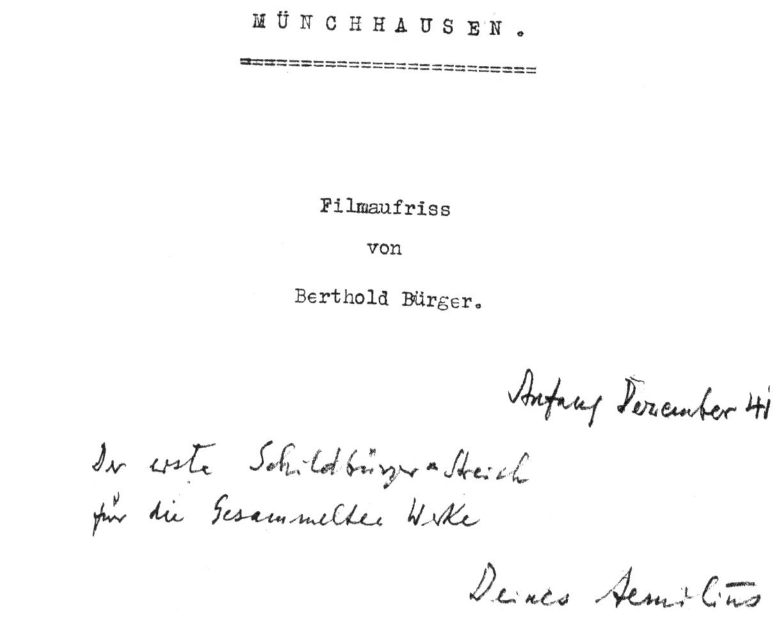
M Ü N C H H A U S E N .

Filmaufriss

von

Berthold Bürger.

Anfang Dezember 41

Der erste Schildbürger-Streich
für die Gesammelten Werke

Deines Aemilius

23 Private Widmung von »Aemilius« Kästner, offiziell »Berthold Bürger«

Sein ›Don Quichotte‹ von 1956 klingt wie ein Abgesang. Hier lacht nicht mehr der am besten, der zuletzt lacht, vielmehr lachen alle über den, der es im Grunde nur gut meinte. Während Eulenspiegel den angedrohten Prügeln immer im letzten Moment entkam, stößt sich Don Quichotte bei seinen Windmühlenkämpfen ständig blaue Flecken an der Wirklichkeit. Wenn Kästner diesmal in die Rolle des Ritters von der traurigen Gestalt schlüpft, zieht er sich den unbequemen Schuh der Selbstkritik an, doch malt er sich zugleich eine Träne ins lächelnde Gesicht. Sein Don Quichotte, der immer nur denen zu Hilfe kommt, die seine Hilfe nicht wollen, nicht brauchen oder nicht wert sind, ist von dem Gedanken nicht abzubringen, »daß er viel eher Lob als Vorwürfe verdiene« *(W 9, 109)*. Nicht er, sondern die Welt, die er nicht versteht, ist schuld an seinem Unglück. Erst als er eine um die andere Verrücktheit im wörtlichen wie übertragenen Sinne teuer bezahlen muß, hängt er, der letzte Ritter, seine Rüstung an den Nagel. »So schien alles gut. Don Quichotte wurde vernünftig und lächelte über seine Abenteuer. Und die Freunde lächelten erst recht. Doch eines Tages legte er sich zu Bett, verabschiedete sich von allen, besonders herzlich von Sancho Pansa, schloß die Augen und wachte nicht wieder auf. Don Quichotte starb mit seinem Traum.« *(W 9, 121)*

Spiel mit spitzer Feder: Der Zeichner Walter Trier

Kästners Schwäche, das Leben und seine Geschichten bisweilen miteinander zu verwechseln, dürfte hinreichend deutlich geworden sein. Fast undurchschaubar wird der Fall allerdings, wenn auch noch zwischen dem Schriftsteller und seinem Zeichner, zwischen dem Text und seinem Bild Differenzen auftreten hinsichtlich der Frage, was Märchen und was Wirklichkeit sei.

Walter Trier ist *der* Zeichner von Erich Kästner. Dieser hat ebenso mit anderen Künstlern zusammengearbeitet wie Erich Ohser, Chaval (›Die Schule der Diktatoren‹), Richard Seewald (›Die dreizehn Monate‹) oder Horst Lemke, dem zweiten, dem anderen Illustrator seiner Kinderbücher, doch Trier und Kästner gehören seit dem gemeinsamen Zeugungsakt des ›Emil‹ bereits in den Augen der Zeitgenossen und bis in unsere Tage untrennbar zusammen. Wahrscheinlich haben beide ihre Geltung überhaupt erst der Tatsache zu verdanken, daß sie gemeinsam gearbeitet haben. Wie Kästner heute unangefochten als der große Kinderbuchautor und Menschenfreund gilt, so Trier als

24 ›Totentanz‹ nach Holbein. Karikatur von Walter Trier aus der amerikanischen Zeitschrift ›Illustrated‹ vom 12. Mai 1945 (Privatsammlung)

25 Walter Trier (Photo: Badekow-Grosz, Berlin; Privatsammlung)

der große Humorist mit dem versöhnlichen Lächeln. Kein Wunder also, wenn der Kinderbuchonkel und der Spielzeugonkel sich gefunden haben. Manches an dieser Vorstellung ist sicher richtig, manches deutet jedoch darauf hin, daß an dem Bild einiges zu retuschieren sei, sowohl, was beider angebliche Liebenswürdigkeit, als auch, was ihr beiderseitiges Einvernehmen anbelangt.

Schon die Lebensläufe von Kästner und Trier weisen gegenläufige Tendenzen auf. Trier, 1890 in Prag geboren, kam über München nach Berlin, ging nach London ins Exil und zog schließlich mit seiner Frau nach Kanada, um in der Nähe der dort lebenden Tochter zu sein. Mit neunzehn arbeitete er in München für die ›Jugend‹ und den ›Simplicissimus‹, bis ›Uhu‹, ›Die Dame‹ und andere ›Lustige Blätter‹ den Zwanzigjährigen nach Berlin abwarben, wo er zu einem »Großmeister der zeichnenden Unterhaltungsindustrie« wurde. *(G. Ramseger: Walter Trier. In: Wilhelm-Busch-Jahrbuch 1984, S. 105)* Mit seiner Familie und einer wertvollen Spielzeugsammlung floh er vor Hitler nach London und begann erneut eine erfolgreiche Karriere. Auf der Insel wurde seine Feder zudem politisch und deutlich spitzer. Neben Unterhaltsamem und verspielt Weltflüchtigem zeichnete er für einige angloamerikanische Journale und die deutschsprachige ›Zeitung‹ antinazistische Satiren und verurteilte den Krieg. Ein dritter Neubeginn gelang ihm nach dessen Ende als Designer und Werbezeichner für Lebensmittelfirmen in Kanada, wo er 1951 im Alter von 61 Jahren starb.

Während also Trier im Exil heile Welten malte und, auf einem anderen Blatt, mit dem Stift gegen den Faschismus anging, blieb Kästner in Berlin und schrieb Heiteres, Doppelbödiges und Doppelgängerisches. Und als Kästner gleich nach dem Krieg mit der ›Konferenz der Tiere‹ eine Fabel gegen Militarismus und Nationalismus verfaßte, warnte Trier als Illustrator des Buches dessen Autor brieflich und mehrmals vor einem allzu gefälligen, linksintellektuellen Pazifismus. Wie ihre politisch-biographischen Linien scheinen sich auch die Kurven ihres Ruhms zu schneiden. Bei ihrem Zusammentreffen 1927 ist Kästner eben erst in Berlin angekommen und hat außer dem festen Vorsatz, Karriere zu machen, noch nicht viel anderes vorzuweisen. Der um neun Jahre ältere Trier dagegen ist bereits berühmt, gut bezahlt, verheiratet und Vater und hat schon mehrere eigene Bücher, darunter auch Kinderbücher, herausgebracht. Als der Maler stirbt, erreicht der Schriftsteller seinerseits den Höhepunkt seiner Nachkriegslaufbahn; anders als jenem bleibt diesem ein dritter Neuanfang indessen erspart, oder verwehrt.

Geradezu erstaunlichen Wert auf Distanz legt Kästner in der zugleich größten Hommage, die er seinem Zeichner gewidmet hat: 1959 erscheint die von ihm herausgegebene Anthologie ›Heiteres von Walter Trier‹ *(Hannover: Fackelträger-Verlag)* mit einem der bewährten Vorworte von Erich Kästner, das zugleich einen Nachruf auf den Gestorbenen darstellt. Schon die eröffnende Unterscheidung, Trier sei unersetzlich nicht aufgrund seiner Qualität, sondern seiner Originalität, ist eine zumindest für einen Nachruf ungewöhnliche, wenn auch höflich verpackte Spitze. Nicht »Freunde«, sondern ein »Paar« oder »Nachbarn« seien sie gewesen, obwohl sie während ihrer fast fünfundzwanzigjährigen Bekanntschaft höchstens vier Wochen gemeinsam verbracht hätten. Sein eigenes Engagement in der Weimarer Zeit kehrt er heraus und das des anderen (oder den Mangel des eigenen?) in der Hitlerzeit unter den Teppich, wenn er behauptet, des Zeichners Feder habe niemals jemanden angegriffen und wäre zudem außerstande gewesen, seine, Kästners, satirischen Gedichte zu illustrieren. Statt dessen betont er in Passagen, die von der Nachwelt besonders gerne zitiert werden, nicht zu Unrecht, doch zu einseitig den lächelnden, verspielten Trier, spricht von Spitzweg, dem »fröhlichen Entschluß zur Idylle« und einem »Zwinkerblick ins Paradies«. *(W 6, 648f.)* Die auf die Worte folgende Auswahl aus dem zeichnerischen Werk jedoch ergibt ein wieder anderes Bild des Porträtierten und ein Selbstporträt des Editors zugleich. Das Eselchen mit Narrenkappe aus dem gemeinsamen ›Till Eulenspiegel‹ wird hereingeschmuggelt; ›Der Individualist‹, ein Pinguin, entfernt sich befrackt und betrübt von seinesgleichen, weil er, anders als die anderen, eine schwarze und keine weiße Fliege trägt. Kein Wort von Spielzeug fällt in den Bildern; statt dessen sprechen diese von Reisen und von Frauen, von Künstlern und Artisten und von kleinen Schrullen großer Männer: ›Das Genie als Sonderling‹.

26 Aus ›Till Eulenspiegel‹ von 1938, nacherzählt von Erich Kästner, gezeichnet von Walter Trier

Gewisse Gemeinsamkeiten scheinen dem gemeinsamen Erfolg also durchaus zugrunde gelegen zu haben; immerhin hat Walter Trier für Kästner ein Dutzend Kinderbücher gezeichnet und einige weitere Buchumschläge gestaltet. So interessieren sich beide, Maler wie Dichter, für weihnachtliche Themen, für den Sport und hin und wieder für das Karierte. Beide verbindet ihre Vorliebe für Tiere, Artisten und Kinder, und beide huldigen dem Gesetz der Serie. Schönes Dokument ihrer grundlegenden Übereinstimmung: Eine der Trierschen Göbbels-Karikaturen aus der ›Zeitung‹ vom 2. Juli 1943, die einen Artikel über des Propagandaministers Probleme mit der Jugend illustriert, hat ihren Weg in Kästners Stoffmappen gefunden. Schließlich lieben beide das Spiel mit der Feder und der Wirklichkeit, wie spitz die eine und wie wirklich die andere auch immer sein mögen.

Beredtes Zeugnis dieser gemeinsamen Leidenschaft sind die Begegnungen, die ihnen nach ihrer Berliner Zeit noch vergönnt waren und die sich jeweils auf der Grenze abspielten, auf der Grenze zwischen Krieg und Frieden und, wen wundert es noch, auf der Grenze zwischen Schein und Sein. Während der Salzburger Festspiele von 1937 macht Kästner sich den sogenannten ›kleinen Grenzverkehr‹ zunutze (und später einen Roman und zwei Filme daraus) und pendelt allmorgen- und abendlich zwischen Deutschland und Ausland hin und her, um seinen Illustrator zu treffen. In seinem Nachruf beschwört er eine Erinnerung an dieses Schein-Da-Sein in der Salzburger Rokokokulisse herauf: daran, wie beide gemeinsam am Mittagstisch sitzen und der Künstler aus Nichts, also einer leeren Zigarrenschachtel, Streichhölzern, Bierfilzen und Brotresten, ein kleines Kunstwerk, ein komplettes Miniatur-Kasperletheater entstehen läßt. Die folgende und letzte Begegnung findet ein Jahr später in London statt, wo er den Maler kurz vor Zustandekommen des Münchener Abkommens besucht, welches den Krieg ein weiteres Mal nur hinauszögern konnte. Kästner erinnert sich an Tennis-

27 Aus Kästners Stoffmappe: Karikatur aus ›Die Zeitung‹ vom 2. Juli 1943

spiele, neue Pläne und daran, daß Trier ihm zwei fast identische Blätter zeigte: einen Polizisten inmitten von Verkehrsgewirr. Der einzige Unterschied war, daß dort einmal ein Berliner Schutzmann und einmal ein Londoner Bobby stand, und das Schönste daran, daß den Engländern das abgewandelte Berliner Bild so typisch englisch vorkam. Der Schriftsteller lächelt und erklärt, der Künstler mache eben keine Reportage, sondern zeige, bei auswechselbaren Polizisten, vor allem das großstädtische Chaos und damit die Hauptsache. *(W 6, 653)*

Getrenntes Leben und gemeinsame Kunst also bilden die Grundlage, vielleicht sogar das Geheimnis des gemeinsamen Erfolges von Erich Kästner und Walter Trier. Ihr letztes gemeinsames Werk sind die Lügengeschichten des Freiherrn von Münchhausen, in einer jugendfreien, von jeglichen kriegsbedingten Anspielungen und Verstellungen gereinigten Fassung von 1951. Ein Jahr zuvor erschien ›Der gestiefelte Kater‹, die sechste in der Serie der Kästnerschen Nacherzählungen, von der eigentlich schon im vorigen Kapitel die Rede hätte sein müssen, doch ist (auch) diese sprechende Katze (wie so manche in Kästners Werk) ein Kapitel für sich.

Auf den ersten Blick nimmt sich ›Der gestiefelte Kater‹, das Märchen von dem armen Jungen, der zu Kleidern, Reichtum, einem Schloß und einer Frau kommt, harmlos und allemal vertrauenerweckender aus als der Lügenbaron. Die einzige zahme Pointe der Geschichte besteht darin, daß der König sich Sorgen um seine Konstitution machen muß, womit nicht nur seine Ernährung gemeint sein soll. Doch eben diese Pointe ist die Spitze eines Eisberges untergründiger Verschwörungen und Verwirrungen; sie deutet, wieder einmal, auf die Herkunft des Märchens aus finstern Zeiten und ist nur das Ende eines ganzen Ariadneknäuels aus Widersprüchen zwischen Märchen und Märchen, Märchen und Wirklichkeit, Wort und Bild, Maler und Schriftsteller und Kästner und Trier.

28 Umschlagrückseite des ›Eulenspiegel‹, gezeichnet von Walter Trier

Das Ganze fing nämlich ganz anders an. 1938, in dem Jahr also, als ihr ›Till Eulenspiegel‹ erschien, trafen sich beide in London. »Wir trugen uns mit neuen Plänen«, heißt es bei Kästner im Rückblick *(W 6, 650)*. Welcher Art diese Pläne waren, verrät das Durchschlagexemplar einer maschinenschriftlichen Ankündigung des Atrium-Verlages, eingelegt in ein Andruckexemplar des ›Eulenspiegel‹ *(Privatsammlung)*: »Dr. Erich Kaestner und Walther Trier« wollen »eine neue Serie Bilder-Jugendbücher« mit etwa zwei Bänden pro Jahr herausgeben. »Es werden durchweg Themen gewählt, die bekannt und interessant sind und nicht veralten. Schon dadurch wird das Risiko stark verringert.« Vorgesehen sind zunächst:

I TILL EULENSPIEGEL
2 DER GESTIEFELTE KATER
3 ANDERSEN: DER STANDHAFTE ZINNSOLDAT

Das Blatt ist um so sicherer auf 1938 zu datieren, als es handschriftlich die Adresse des Atrium-Verlegers mit »Kurt Maschler z.Zt. Amsterdam« angibt, wo dieser, auf der Flucht vor den Nazis, nur in jenem Jahr seinen Wohnsitz hatte.

Der ›Eulenspiegel‹ sollte das einzige Märchen bleiben, das noch rechtzeitig unters junge – und alte – Volk gebracht werden konnte. Allerdings scheinen die beiden Herausgeber die Nummer Zwei der Serie ebenfalls in Angriff genommen zu haben, und zwar offensichtlich unabhängig voneinander. Nach dem Krieg nämlich, als der ›Kater‹ endlich auch herauskommen soll, tritt der in der Geschichte der Buchillustration höchst seltene Fall ein, daß der Schriftsteller seinen Text nach den Vor-Bildern des Zeichners abändern muß. Wenn er ihn dabei gleich den veränderten Zeitläuften anpaßt, ist das verständlich. Wenn sich zudem herausstellt, daß der eine nach Grimm und der andere nach Perrault gearbeitet hat, ist dies kurios. Wenn aber überdies zutage tritt, daß der andere Herausgeber wahrscheinlich ganz anderes noch im Sinn hatte als der eine, so ist das in höchstem Maße bezeichnend, für den Hintersinn des Unternehmens ebenso wie für das Verhältnis von Autor und Zeichner.

Am 27. November 1949 schreibt Walter Trier aus Kanada an Erich Kästner in München: »Als ich vor vielen Jahren an den Buntbildern zum ›Puss in Boots‹ arbeitete, hatte ich noch nicht Ihre reizende Bearbeitung des Perrault, die mir *sehr* gut gefällt, und das ist schade. Ob Sie wohl jemals meine Buntbilder gesehn haben? Ich bezweifle das, denn Ihr Text weicht verschiedentlich von meiner Bebilderung ab und da es zu kostspielig wäre neue Buntbilder nach Kästner's Text zu malen und zu drucken, so ist es *Ihr* Pech lieber ERICH daß Sie verschiedene Änderungen werden machen müssen. Unsere Leser – Kinder – sind zu kritisch – es muss schon alles ›stimmen‹. Auf der nächsten Seite geb ich Ihnen alles an wie es mir aufgefallen ist. Hoffentlich sendet Ihnen Maschler einen Satz Buntbilder damit Sie selbst noch genau sehn wo Ihr Text abweicht.« Ein Vergleich der erhaltenen Frühfassung der Nacherzählung mit der veröffentlichten Version zeigt, daß der liebe Erich in der Tat seine Geschichte den Bildern angleicht: Saß der Zauberer zuerst »auf einem Sofa«, sitzt er nun »an einem Tisch« *(W 9, 45)*; hatte der Junge zuerst alleine die Stiefel für seinen Kater besorgt, gehen nun beide gemeinsam zum Schuster. Einmal übernimmt der Dichter sogar wörtlich einen Textvorschlag seines Malers: Nicht »Generäle« sollte er schreiben, sondern »drei Mann aus dem Gefolge der Edelleute«, was er, wie gewünscht, auch tut *(W 9, 43)*. Immer folgt

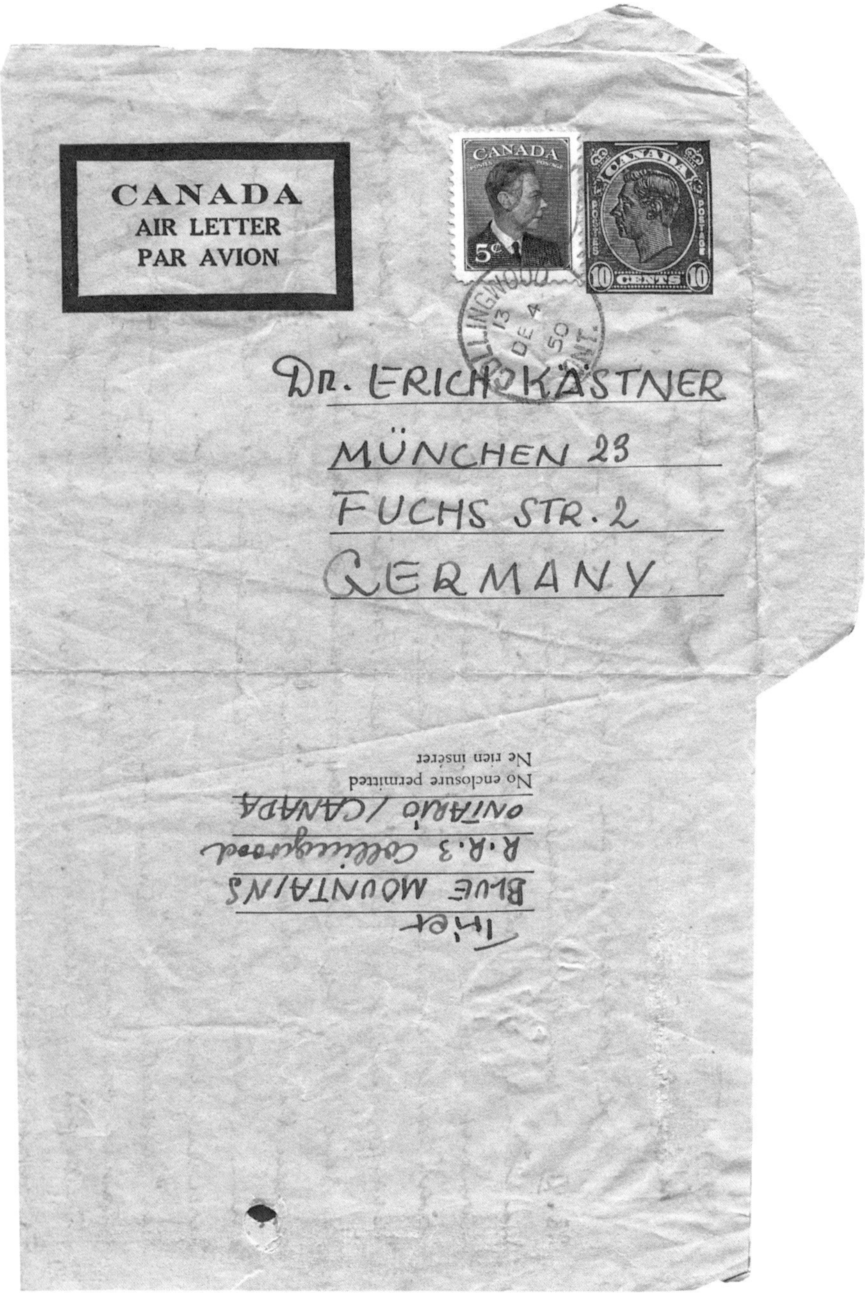

29 Aerogramm von Trier aus Kanada an Kästner in München

Erich freilich nicht: Die erbetene Textanbindung ausgerechnet für die große doppelseitige Illustration stellt er nicht her, so daß der Kater von allen und auch seinem Schriftsteller alleingelassen zum Schloß des bösen Zauberers wandern muß.

30 Die drei Edelleute aus ›Der gestiefelte Kater‹, gezeichnet von Walter Trier

Spannend wie im Märchen wird es, wenn der Kater den bösen Zauberer besucht. Dieser war bei Perrault ein Menschenfresser, ist bei Grimm und Trier ein Zauberer und bei Kästner ein verkleideter Hitler. Nicht aus Afrika nämlich, wie es in der gedruckten Fassung lautet *(W 9, 45f.)*, sondern »aus Amerika« sollte ursprünglich der Kater kommen, der den bösen Zauberer, klein wie eine Maus, verschlingt und damit das Land vom Tyrannen befreit. Aus zwei Gründen brüchig ist die entscheidende Verwandlungsszene in ihrer endgültigen Form. Erstens hat Trier den Zauberer nach Grimm dreierlei Gestalt annehmen lassen (Elefant, Löwe und Maus), Kästner nach Perrault aber nur zweierlei (Löwe und Maus). Zweitens hat Trier bei Elefant und Löwe an den malerischen Effekt, Kästner bei Löwe aber an Hitler gedacht. Die Brüche sind nur schlecht gekittet. So ist nicht einleuchtend, warum der Kater in der Nachkriegsfassung angesichts des – ausgesprochen niedlich gezeichneten – Elefanten vor Schreck gleich die Gardine hochklettert, vor dem Löwen aber gar keine Angst mehr hat. Sehr wohl deutlich wird dagegen, daß der Maler ein zeitloses Märchen illustriert, der Dichter dagegen eine Parabel für seine Zeit geschrieben hat.

Ob der Zeichner wenigstens beim ›Eulenspiegel‹ wohl ahnte, welche Schmuggelware ihm sein Autor da unterschob? Wahrscheinlich nicht, denn das Doppelbödige war seine Sache nicht. Wenn er angriff, dann direkt und unmißverständlich – und von London aus ohne großes Risiko. Kästner dagegen, mitten in der Reichshauptstadt, scheint der Atrium-Verlagsankündigung zufolge noch eine ganze Reihe ähnlicher Kunststückchen, eine ganze Serie von Büchern für Kinder mit Nachrichten an deren Eltern geplant zu haben. Jedes Maskenspiel hat eben, wenn man nur einmal genau

31 Walter Trier in seinem Atelier in Collingwood, Ontario (Privatsammlung)

hinsehen würde, mindestens zwei Seiten: Man kann sich verkleiden, seinen Spaß dabei haben und andere erfreuen. Man kann aber ebensogut – zumindest im Märchen – einen Tyrannenmord begehen, unerkannt entkommen und auch auf diese Weise andere erfreuen. Nach Kriegsende zieht der Kästner-Kater seine Krallen wieder ein, der Verwandlungskünstler seine märchenhafte Verkleidung aus, und übrig bleibt wieder nur ein Märchen: Hans im Glück mit der sprechenden Katze. Hans nämlich hieß der arme Junge weder bei Perrault noch bei Grimm, Hans heißt er nur bei Kästner.

Raffinierter als sein Autor war der erfahrene Zeichner Walter Trier zu Beginn der gemeinsamen Karriere. Das Umschlagbild zu ›Emil und die Detektive‹, Symbol einer neuen Kinderliteraturepoche und Ikone des gemeinsamen Erfolges, ist, es muß leider einmal gesagt werden, einfach eine blanke Lüge. Es ist, schlimmer noch, nur Reklame, und es ist natürlich zugleich große Kunst. Auf den Gedanken, den Schutzumschlag zur Illustration, also zur ›Erhellung‹ des geschützten Buches zu verwenden, war man ungefähr zu Beginn unseres Jahrhunderts gekommen. Gezielt genutzt wurde die Idee erst ab den zwanziger Jahren. Der zielstrebige Umschlagkünstler Trier schoß nun für ›Emil‹

gleich über das Ziel hinaus und damit genau ins Schwarze: Er hat dem Buch ein Bild gemalt, das es im Buch gar nicht gibt. Als Emil und Gustav nämlich hinter der Litfaßsäule stehen, läuft Herr Grundeis nicht die Straße entlang, sondern sitzt seelenvergnügt auf der Terrasse des Café Josty. Überhaupt verstecken sich die beiden Detektive gar nicht hinter der Säule, sondern hinter dem Zeitungskiosk, der neben der Säule steht. Wenn sie dann die Verfolgung wieder aufnehmen, sind sie nicht mehr nur zu zweit, sondern, mit Verstärkung durch den Professor, durch Krummbiegel und die Brüder Mittenzwey, schon zu sechst, und der Herr mit der Melone läuft auch dann nicht die Straße entlang, sondern steht auf dem Bürgersteig und blättert mit bewundernswerter Ausdauer in einer Zeitung, bis er, aus dem Stand gewissermaßen, eine Taxe ruft, einsteigt und davonfährt. Sollten es die Kinder, oder womöglich die Zeichner, zumal auf exponierten Buchumschlägen und im Dienst der Sache, das heißt der Werbung, mit der Wahrheit vielleicht doch nicht immer so genau nehmen?

Einige treffliche Gedanken über das Verhältnis von Wort und Bild und über die Grenzen der Malerei und Poesie stammen von dem von Kästner hochgeschätzten Aufklärer und Theatermann Gotthold Ephraim Lessing. Im Gegensatz zum Wortkünstler, so dessen Theorie, müsse der Bildkünstler einen prägnanten Augenblick für seine Darstellung wählen: »Dasjenige aber nur allein ist fruchtbar, was der Einbildungskraft freies Spiel läßt. Je mehr wir sehen, desto mehr müssen wir hinzu denken können. Je mehr wir darzu denken, desto mehr müssen wir zu sehen glauben.« *(Lessing: ›Laokoon‹, Kap. III)* Zwei kleine Jungen, die vor Spannung zitternd auf einem großen, leeren Platz stehen und hinter der einzigen Deckung bietenden Säule ebenso forsch wie vorsichtig einem erwachsenen und offensichtlich ahnungslosen Mann nachschauen: Prägnanter könnte ein Augenblick kaum gewählt sein, nur – er kommt im Roman nicht einen Augenblick vor. Aber hatte Kästner nicht selbst gesagt: Der Maler macht eben keine Reportage, sondern zeigt nur die Hauptsache.

So ist (schon) die Gründungstat des Emil-Covers eine Lüge oder, anders gesagt, ein Spiel mit der Wirklichkeit – nicht umsonst wird die ›Neue Sachlichkeit‹, der zumindest sich der Umschlag verpflichtet weiß, in der bildenden Kunst auch ›Magischer Realismus‹ genannt. Das einzige, was an dem Bild wirklich »stimmt«, ist die Litfaßsäule, die heute noch, wie damals, in Berlin steht und auf der, wie damals, heute noch Reklame gemacht wird, wenn auch sicher nicht annähernd so erfolgreich, wie die gemalte Säule seither für Emil Tischbein, Erich Kästner und Walter Trier geworben hat.

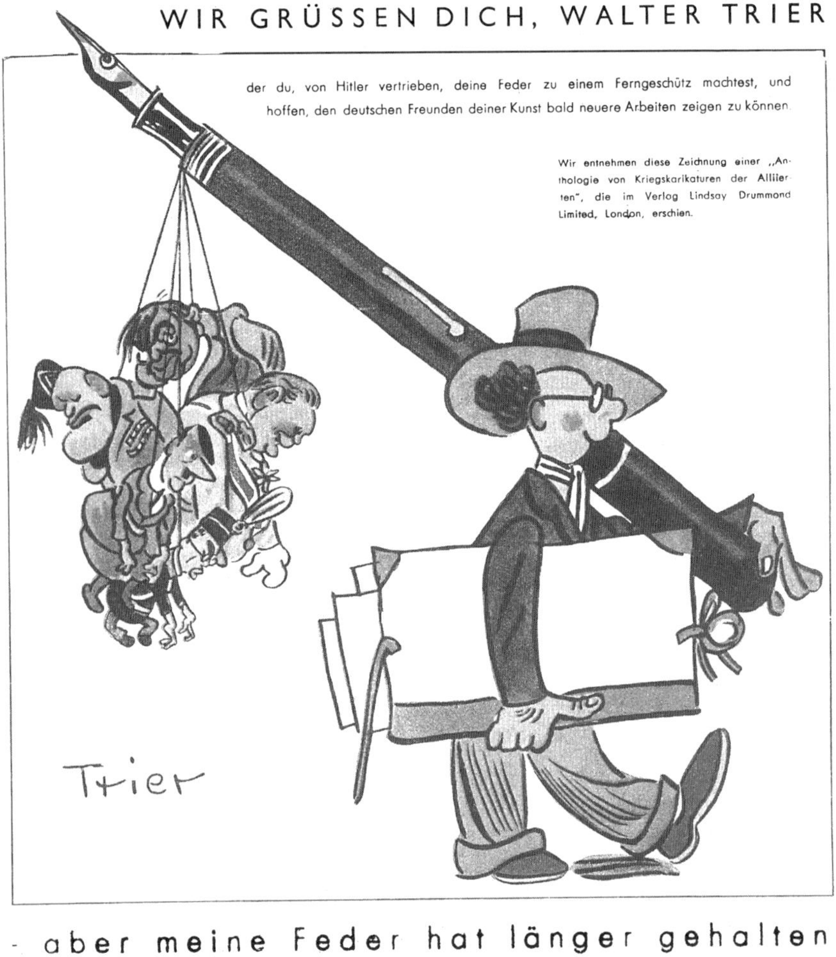

32 Titelbild vom ersten Januarheft 1947 der Satirezeitschrift ›Ulenspiegel‹ (Privatsammlung)

Jutta Richter:
Kästner oder Wie ich das doppelte Lottchen wurde

»Guten Tag«, sagte Kästner zu mir.
Da war ich neun und Einzelkind.
Und Einzelkind zu sein, bedeutete damals, ein Kainsmal auf der Stirne zu tragen. Einzelkinder waren verwöhnt und egoistisch, sie konnten nicht teilen, sie mußten immer im Mittelpunkt stehen. Einzelkinder hatten nie gelernt, sich unterzuordnen. Einzelkinder waren einfach das letzte. Das wußten meine Lehrer genau. Denn in den Lesebüchern wohnten ausschließlich Familien mit mindestens zwei Kindern: Mutter und Vater, Peter und Susi und nicht zu vergessen Purzel, der eigensinnige Dackel, an dem wir das Z lernen mußten.
Ja, was die Lehrer glaubten, das glaubten damals auch die Kinder. Und deshalb spielten sie mit Einzelkindern nicht, denn das endete meistens mit Zank und Streit.
»Guten Tag«, sagte Kästner, oder vielleicht sagte er auch: »Guten Abend.«
Es war nämlich einer dieser Herbstabende.
Ich stand mit dem Rücken an den Laternenmasten gelehnt und aß das Butterbrot, das meine Mutter mir aus dem Schlafzimmerfenster mit den Worten: »In einer halben Stunde kommst du rauf!« heruntergeworfen hatte.
Der Stadtdirektor knipste gerade die Straßenlaternen an, und ich fragte mich, wie bloß der Strom, den ich summen hörte, in den Masten kommt. Ich wußte, das war eine typische Einzelkindfrage. Ich war nämlich Spezialistin für Einzelkindfragen. Wenn ich meinen Vater so etwas fragte, bekam er Zornfischaugen, die Ader an seiner Schläfe schwoll bedrohlich an und er brüllte, ich solle lieber das kleine Einmaleins lernen, anstatt mich mit Fisematenten abzugeben. Vom Grübeln bekäme man sowieso Falten... »Und Mädchen, die pfeifen, und Hühnern, die krähen, denen soll man beizeiten die Hälse umdrehen«, pflichtete meine Großmutter kopfschüttelnd bei.
Aber ich grübelte eben gern und hatte meinen Spaß an den seltsamen Fragen, denn nur das half gegen die Langeweile und das Alleinsein.
Während ich also grübelte und kaute und die Straßenlaterne summte, sah ich einen Mann um die Ecke biegen. Er trug einen steifen Hut mit einer großen Krempe. Einen Hut, wie ihn mein Großvater an Sonntagen aufsetzte, und zunächst dachte ich deshalb, das sei mein Großvater, und wollte ihm schon entgegen laufen, als der Mann in den Lichtkegel der Straßenlaterne trat. Da sah ich, daß er viel kleiner war als mein Großvater und daß sein Mantel einen echten Pelzkragen hatte.
Er kam auf mich zu und blieb dann vor mir stehen.

»Guten Abend«, sagte Kästner und lächelte freundlich.
Ich konnte nicht antworten, weil ich noch nicht heruntergeschluckt hatte, und so kaute und kaute ich und schluckte und wollte gerade sagen, daß ich mit Fremden nicht reden dürfe, da sagte Kästner: »Du möchtest wissen, wie der Strom in den Laternenmasten kommt, stimmt's?«
Ich nickte verblüfft.

33 Erich Kästner Anfang der 20er Jahre (EKA)

»Da liegen Leitungen«, sagte Kästner, »unter der Erde, eingegraben, in dicken Rohren, die führen bis zum Elektrizitätswerk, wußtest du das nicht?«
Ich schüttelte den Kopf.
»Im Elektrizitätswerk stehen große Turbinen, da wird der Strom gemacht... Du bist sehr allein, nicht wahr?« fragte Kästner. »Du grübelst viel.«
»Einzelkind«, murmelte ich. »Aber nur aus Versehen. An mir liegt's nicht. Ich kann auch teilen, wirklich.« Ich hielt ihm mein Butterbrot hin.
Kästner lachte.

»Danke«, sagte er, »ich bin nicht hungrig, und daß du teilen kannst, glaub ich auch so.«
»Einzelkind also.« Kästner schaute mich prüfend an. »Sieht man aber gar nicht.«
»Aber wissen tun's alle«, entgegnete ich. »Und meinen, daß sie was besseres wären, weil sie Geschwister haben.«
»Und was meinst du?« fragte Kästner.
»Daß sie nichts besseres sind«, sagte ich. »Aber Geschwister möchte ich doch. Ich möchte auch eine richtige Familie haben.«
Kästner zog die Brauen hoch.
»Eine falsche Familie gibt es nicht«, sagte er leise, »aber ich weiß, was du meinst ... Du redest mit dir selbst, nicht wahr? Du erfindest Freunde. Du hast immer Sehnsucht nach einem anderen, nach jemandem, der auch so ist, wie du, stimmt's? Du möchtest nicht so anders sein, nicht wahr?«
Ich hatte plötzlich einen Kloß im Hals und mußte mir fest auf die Unterlippe beißen, um nicht laut loszuheulen.
»Kenn ich«, sagte Kästner. »Alles selbst erlebt: Erst will man seiner Mutter gefallen, dann will man seinem Lehrer gefallen, dann will man den anderen gefallen, aber so sehr man sich auch streckt und reckt, man ist immer ein bißchen zu brav oder ein bißchen zu fleißig oder ein bißchen zu wild oder ein bißchen zu eigensinnig. Man lernt alles, aber es fehlt ein Spiegelbild. Hat man ja nicht. Muß man alles alleine durchkämpfen. Die ganze Liebe, die ganze Erziehung, die ganze Welt: immer alleine. Kein angewärmtes Bett, in das man kriechen kann, wenn's dunkel ist und draußen der Sturm heult, kein Bruder- und kein Schwesterarm, der sich um einen legt und festhält. Kenn ich alles«, sagte Kästner. Er schien nachzudenken.
»Aber es kommt trotzdem ganz anders«, sagte er dann, »wär doch gelacht, wenn das Schicksal nicht mal eine gezinkte Karte im Ärmel hätte: Eines Tages schicken sie dich nämlich ins Ferienlager, weil sie sagen, daß du sonst verkümmerst und ein Sonderling wirst. Das Kind ist ja schon ganz blaß vom vielen Lesen, sagen sie, und ein Stubenhocker geworden, und das müssen sie ändern, also schicken sie dich ins Ferienlager und du fürchtest dich davor und willst gar nicht hin. Diese ganze blöde Bande da. Man kennt keinen und hat trotzdem immer Küchendienst. Hilft alles nichts, du mußt, sagen sie.
Und stell Dir vor«, sagte Kästner, »stell dir vor, du kommst in diesem Ferienlager an, und du gehst in den Speisesaal, und da sitzt ein anderes Kind, und das sieht aus wie du... Haargenau wie du... was würdest du denken?«
»Haargenau wie ich?« fragte ich.
Kästner nickte. Ich überlegte.
»Ein Zwilling?« fragte ich. Kästner nickte wieder.

»Das würde ich nicht glauben«, sagte ich. »Geschwister kennt man doch, und eine Zwillingsschwester erst recht.«
»Bist du ganz sicher?« fragte Kästner. »Denk lieber noch mal gründlich nach!«
Ich schloß die Augen und ich begann nachzudenken. Aber das, was ich dachte, schien mir undenkbar und unwirklich und gar nicht möglich. Wenn wir zwei gewesen wären, dachte ich, damals im Krankenhaus, als die Ärzte den Bauch meiner Mutter aufgeschnitten hatten wie der Jäger im Rotkäppchenmärchen den Wolfsbauch, und sie hätten meinen Zwilling wem anderes mitgegeben, einer Mutter, die keine Kinder bekommen konnte, vielleicht... Nein, das war ganz und gar unmöglich, das war unerhört kühn und unmöglich. Dennoch spürte ich, wie sich ein Zweifel in mir breit machte. Vielleicht war die Wirklichkeit nicht wirklich, vielleicht gab es Dinge hinter den Dingen, von denen ich nicht wußte, vielleicht war ich immer schon zu zweit gewesen. Je länger ich die Augen geschlossen hielt, desto kühner wurden meine Gedanken. Was wußte ich denn schon? Vielleicht war meine Mutter nicht meine Mutter und mein Vater nicht mein Vater. Vielleicht war ich selbst der vertauschte Zwilling und meine Geschwister lebten in einer anderen Stadt... das würde erklären, warum ich mich manchmal so fremd fühlte und mein Vater diese Zornfischaugen bekam, wenn ich meine Fragen fragte...
Die Stimme meiner Mutter riß mich aus meinen Gedanken. Ich hörte, wie sie meinen Namen rief, und öffnete die Augen.
»Nun geh schon«, sagte Kästner, als er sah, daß ich zögerte.
Meine Mutter hatte das Schlafzimmerfenster geöffnet, und ich wartete darauf, daß sie fragte, wer denn der Mann wäre, mit dem ich redete. Aber sie bemerkte Kästner nicht.
»Komm endlich rein«, rief sie. »Es wird Zeit.«
Als ich mich an der Haustür noch einmal umdrehte, war Kästner verschwunden.
Er ist nie wieder in unsere Straße gekommen.
Und ich habe auch niemals meinen Zwilling getroffen. Ich erfand meine Freunde und blieb ein Einzelkind.
Aber das war nicht mehr so schlimm, denn seit jenem Abend wußte ich, daß nichts sicher ist, daß es Dinge hinter den Dingen und Wirklichkeiten hinter der Wirklichkeit gibt. Ich begann, in den Büchern zu leben. Besonders gern lebte ich in Kästners Büchern. Ich war das doppelte Lottchen und Emil und Pünktchen, ich war eins der Kinder aus der Konferenz der Tiere. Und als eines Tages ein Foto von Kästner in der Zeitung war, habe ich es ausgeschnitten.
Und manchmal, wenn ich das Foto betrachte und dabei blinzele, kommt es mir vor, als zwinkere Kästner mir zu, und ich höre ihn sagen:

Alles selbst erlebt!

34 Umschlagzeichnung von Walter Trier für ›Das doppelte Lottchen‹

Zum Verwechseln ähnlich: Lottchen in Film und Buch

»Lieber Robert Lantz! Beim Durchblättern meiner Stoffmappe fand ich eine Notiz für ein Kinderbuch, die sehr gut die Grundlage für einen Shirley Temple Film bilden könnte. Da ich nun nicht weiß, ob die Fox Interesse an einem Doppelrollen-Film für das Kind hat, habe ich zunächst einmal weiter nichts getan, als die Exposition eines

Erich Kästner
Berlin-Charlottenburg 4
Roscherstr. 16

"ZUM VERWECHSELN ÄHNLICH"

Nach einer noch unausgeführten Romanidee von Erich Kästner

Filmexposé für Shirley Temple.

(Doppelrolle)

I. Teil (Exposition.)

In einem amerikanischen Kinderferienheim, das am Meer liegt, treffen zwanzig Kinder ein; unter ihnen Mary Lytton, deren Vater, ein im Abstieg begriffner Artist, Geld hat borgen müssen, daß sich seine mutterlose Tochter erholen kann. Die schon im Heim ansässigen Kinder warten ungeduldig auf die "Neuen."

Als die lärmende Begrüßung vorüber ist und die "Neuen" von den andren, die ihnen den Garten, das Meer, die Spielplätze zeigen wollen, fortgeschleppt werden, steht Mary Lytton plötzlich einem Mädchen gegenüber, das ihr, von der Kleidung und der Haartracht abgesehen, zum Erschrecken gleicht. Die andre heißt Dorothy Shepherd. Beide betrachten einander voller Mißtrauen und gehen einander, nach dieser ersten Begegnung, ängstlich aus dem Wege. Die Ähnlichkeit, die ein Witz der Natur zu sein scheint, hat beide verschüchtert.

Der Leiter des Kinderheims, die Helferinnen, und die Kinder, denen Marys Ähnlichkeit mit Dorothy natürlich sofort auffällt- umso mehr als diese Ähnlichkeit sehr bald zu Verwechslungen führt- bemühen sich, die beiden kleinen Mädchen zusammenzubringen, und sei's auch nur der Kuriosität halber. Man legt sie in zwei benachbarte Betten. Bei Tisch

35 – 37 Die erste Fassung des Stoffes aus dem Jahr 1937

sitzen sie einander gegenüber. Der erste Schreck weicht bei beiden der Neugierde. Es entsteht zunächst eine schüchterne Freundschaft. Und eines Abends schließlich, während die andern schlafen, unterhalten sie sich flüsternd und kommen einem ihnen gemeinsamen Geheimnis auf die Spur: Lytton, der Artist, hat Mary erzählt, ihre Mutter sei tot; Frau Shepherd hat Dorothy mitgeteilt, daß ihr Vater früh gestorben sei; Dorothy entsinnt sich ferner, auf manchen Wäschestükken ihrer Mutter, statt des Monogramms R.S., die Initialen R.L. gesehen zu haben. Der schlagendste Beweis, der ihnen den Atem benimmt, ist aber der folgende: Sie sind in der gleichen Stadt geboren worden und haben am gleichen Tag des gleichen Jahrs Geburtstag!

Es unterliegt keinem Zweifel: Mary und Dorothy sind Zwillinge. Ihre Eltern, denn Lytton und Dorothys Mutter müssen ihre Eltern sein, sind beide am Leben. Sie müssen sich vor 6 Jahren getrennt, im Einvernehmen je eins der Mädchen bei sich behalten und einander versprochen haben, die Kinder in dem Glauben aufzuziehen, sie seien Halbwaisen und geschwisterlos. Warum haben sie das getan? Jedes der Kinder liebt den ihm verbliebenen Elternteil von Herzen. Vater und Mutter sind beide liebenswerte Menschen. Nur: Dorothys Mutter mag nichts von der Begabung der Tochter für Tanz und Gesang wissen u. erst recht nichts von Dorothys Drang zur Bühne.

Die Kinder erzählen einander in der restlichen Ferienzeit ausführlich, wie sie leben, wer ihre Freunde sind, wie's in der Schule zugeht. Sie sind unzertrennlich. Jede lebt sich in die Sphäre der andern ein, und allmählich reift in ihren Kindergemütern ein romantischer Plan, den sie tatsächlich ausführen.

Am Tage der Abreise aus dem Ferienheim tauschen beide ihre Kleider und Koffer und die Art, das Haar zu tragen. Sie umarmen sich gerührt und versprechen einander postlagernd zu schreiben. Dann fährt Mary, das etwas verwilderte Artistenkind, als Dorothy Shepherd nach Boston zur Mutter in ein bürgerliches Heim; Dorothy, das behütete Töchterchen, reist als Mary Lytton und damit, wenn alles gut geht, einer künftigen Varieté-Laufbahn entgegen.

zum Vater. Sie hoffen, daß man zunächst den Rollentausch nicht merken wird, wollen sehnlichst und unerkannt den andren, noch fremden (doch schon geliebten) Elternteil kennen lernen und beabsichtigen, sich brieflich über die Fortführung des vorgefaßten Abenteuers zu verständigen.

Exposés zu schreiben. Denn: sollte die Firma eine Doppelrolle aus irgendwelchem Grunde in diesem Zusammenhange ablehnen, so wäre es überflüssige Mühe, wenn ich das Exposé ausführte. Sollte im Gegenteil auf Grund meiner Anregung ernsthaftes Interesse vorhanden sein, so könnte ich mich ja immer noch auf die Hosen setzen und das Exposé durchführen. Es wäre nett, wenn Sie mir bald Nachricht gäben. Wenn kein Interesse vorhanden ist, lasse ich die Notiz erst einmal schmoren und schreibe im nächsten Jahr ein Buch auf Grund des Grundeinfalls.« Was Kästner hier am 2. Dezember 1937 der US-amerikanischen Filmproduktionsfirma ›20th Century Fox‹ anbietet, ist die Keimzelle, aus der später nicht bloß doppelte, sondern zahlreiche, ja zahllose Lottchen hervorgehen werden. Wenn die Vermehrung dabei durch Teilung und Fortpflanzung zugleich erfolgt, so widerspricht dies allenfalls den Gesetzen der Natur, nicht jedoch denen künstlerischer Er- und Fortzeugung.

›Zum Verwechseln ähnlich‹ überschreibt der Autor das dem Brief beiliegende dreiseitige Filmexposé, und zum Verwechseln ähnlich sind sich von Anfang an nicht nur Lotte und Luise – pardon: Mary und Dorothy, wie die für Amerika geborenen Zwillinge zunächst heißen –, sondern auch Roman und Film, Kinder- und Drehbuch. Kästner gehört zwar 1937 zu den in Deutschland verbotenen Schriftstellern, doch darf er noch im Ausland veröffentlicht, übersetzt, aufgeführt und verfilmt werden. Sein Angebot, für den damals neunjährigen Hollywood-Kinderstar Shirley Temple ein Drehbuch zu schreiben, hat von daher nichts Außergewöhnliches. Der Vorschlag wird offensichtlich nicht verwirklicht, doch der Vater der beiden geistigen Zwillingskinder hält an seinem Grundeinfall fest, verlegt ihn nach Deutschland und gibt ihm den Namen ›Das große Geheimnis‹. Zu Weihnachten 1942 schenkt er seiner Mutter den Anfang einer »Filmnovelle« mit diesem Titel, zu ihrem Geburtstag im April 1943 ein vollständiges »Treatment« (das ist die mehr oder minder ausführliche Prosafassung einer Filmhandlung) – und dieses unterscheidet sich von der nach dem Krieg als »Roman« veröffentlichten Geschichte kaum mehr als Luise von ihrer Zwillingsschwester Lotte. Freilich, die eine trägt Zöpfe und die andere Locken, eines ist ›Das große Geheimnis‹ von Berthold Bürger, das andere ›Das doppelte Lottchen‹ von Erich Kästner – davon abgesehen aber sind sich das Filmtreatment des verbotenen, unter Pseudonym schreibenden Autors und der 1949 erschienene Nachkriegsroman des erfolgreichen Kinderschriftstellers in der Tat »zum Verwechseln ähnlich«.

Wer ›Das doppelte Lottchen‹ liest, oder besser noch: seinem Kind vorliest, der kann den filmischen Stil des Romans gut heraushören. Regieanweisungen (»sagt die Helferin Gerda kopfschüttelnd«, »fragt Gerda gespannt«), Schnitte (»Herr Gabele zeichnet Lotte.« Schnitt. »Herr Ludwig Palfy kommt in die Rotenturmstraße.«), auch das ein oder andere »Krach!« und »Bums!« lassen die Geburt des Kinderbuches aus dem Geist des Films noch unschwer erkennen.

Zwillinge gesucht

Erich Kästners Kinderroman „Das doppelte Lottchen" wird von der Carlton-Filmgesellschaft verfilmt. Als Darsteller wurden Zwillingsmädchen gesucht, die sich, genau wie Luischen und Lottchen in Kästners Buch, zum Verwechseln ähnlich sind. Eine große Anzahl „doppelter Lottchen" fand sich auf dem Filmgelände von Geiselgasteig bei München ein. Kecke und Schüchterne waren darunter, selbstbewußte kleine „Damen", die mit siegesgewisser Miene vor die Jury traten, und befangene kleine Mädchen, denen Erregung und Unsicherheit auf dem Gesicht geschrieben standen — während die Mütter, nicht minder erwartungsvoll, im Hintergrund blieben. Die Jury setzte sich zusammen aus dem Autor, der auch das Drehbuch schreibt, dem Regisseur Josef von Baky und dem Produktionschef Günther Stapenhorst. Die Zwillinge, die in die engere Auswahl kamen, werden in der Internationalen Jugendbibliothek an den Übungen der Theatergruppe teilnehmen. Dann erst beginnen die Probeaufnahmen, bei denen die letzte Entscheidung fällt, welche Zwillinge das „doppelte Lottchen" spielen. (Photos Erlin und Georgii)

38 Bericht aus der ›Münchner Illustrierten‹ vom 8. Juli 1950

Es liegt also auf der Hand, diesen Roman, der nie so recht einer geworden war, endlich und tatsächlich auch zu verfilmen. Dreizehn Jahre ist der Grundeinfall inzwischen alt, als sich drei Väter seiner annehmen: 1950 realisieren der Drehbuchautor Kästner, der Regisseur Josef von Baky (er hatte bereits 1942 mit Kästner zusammen am ›Münchhausen‹-Film gearbeitet) und der Produzent Günther Stapenhorst ›Das doppelte Lottchen‹. Dieser Film ist entscheidend für den Ruhm und den Ruf verantwortlich, den Kästner nach dem Krieg als Kinderautor wiedererlangt. Schon die Besetzung der Zwillingsrollen wird, wie damals vor 20 Jahren und einem Weltkrieg bei der Erstverfilmung von ›Emil und die Detektive‹, zu einem Medienereignis: 120 Zwillingspaare – Bedingung: blonde Zöpfe – melden sich, 26 kommen in die engere Auswahl, bis Isa und Jutta Günther das Rennen schließlich für sich entscheiden. Zuvor haben sie noch mit den letzten ihrer Mitbewerberinnen an den Übungen der Theatergruppe in der Münchner Internationalen Jugendbibliothek teilgenommen, die Erich Kästner selbst leitete. Die ›Münchner Illustrierte‹ läßt es sich nicht nehmen, über die Zwillingswahl und die Dreharbeiten ausführlich zu berichten, ist doch Frau Körner, die Mutter von Lotte und Luise, in Kästners Vorstellung und folglich in Roman und Film bei eben dieser Zeitschrift als Bildredakteurin angestellt.

Wie der Werbefeldzug wird auch der Film in jeder Hinsicht ein voller Erfolg. Er entwickelt sich zum Kassenschlager und erhält höchste künstlerische Anerkennung. Als 1951, zum ersten Mal in der Bundesrepublik, der Deutsche Filmpreis verliehen wird, bringen die doppelten Lottchen ihren Schöpfern gleich drei erste Preise ein: für den besten Spielfilm, die beste Regie und das beste Drehbuch. Dessen Autor konnte bereits während der Dreharbeiten eine zweifellos den Künstler wie den Menschen Kästner ungemein befriedigende Erfahrung machen: Nicht nur wurden die von ihm erdachten Kinder zu Fleisch und Blut, die fiktiven Zwillingsschwestern und ihre Darstellerinnen wurden sogar immer ununterscheidbarer, bis zum guten Schluß gewissermaßen alle vier einander zum Verwechseln ähnlich sahen. Zauberei? »Nun, es geschah etwas sehr Merkwürdiges. Während der Wochen der Verfilmung änderten sich die beiden Kinder. Sie paßten sich – dadurch, daß sie das, was ich geschrieben hatte, sagen, tun, denken und empfinden mussten – meinem Phantasiepaare immer mehr an. Diese Verwandlung fiel nicht etwa nur mir auf, sondern allen, die an dem Filme mitarbeiteten. Und den Rest des Weges kam meine Vorstellung den beiden entgegen, bis sich beide Paare überdeckten und zu ein und demselben wurden. Einbildung und Wirk-

39 Die Auswahl der Zwillingspaare, rechts im Bild Isa und Jutta Günther (Photo: Georg Georgii, München; EKA)

lichkeit verschmolzen. Das war ein Glücksfall. Ich weiß es. Die Kongruenz von ›Vorstellung‹ und Vorstellung kommt nicht alle Tage vor.« *(W 2, 293)*

Nun bietet freilich das Zwillings-Motiv nicht allein Gelegenheit, Verschiedenartiges zur Deckung zu bringen, sondern ebenso die Möglichkeit, nur scheinbar mit sich Identisches auseinanderzulegen. Es ist auffällig, wie häufig sich Kästner gerade in den zwölf Jahren der NS-Zeit mit Zwillingen und Doppelgängern befaßt. ›Emil und die drei Zwillinge‹ erscheint 1934 noch in der Schweiz. Zunächst nur für die Schublade entstehen bis 1945 außerdem zwei Romanfragmente, die von Doppelgängern handeln, wie einer von ihnen bereits im Titel verrät: ›Die Doppelgänger‹ und ›Der Zauberlehrling‹. Es entsteht die historische Komödie ›Chauvelin‹, deren Titelheld ein Double König Ludwigs XV. ist, es entsteht die Idee zu dem Theaterstück ›Die Schule der Diktatoren‹, worin gleich sieben äußerlich zum Verwechseln ähnliche Pseudo-Diktatoren auftreten, und es entstehen die ›Briefe an mich selber‹. Kästners Stoffmappen aus dieser Zeit enthalten bemerkenswert viele Notizen zu Zwillings-Stoffen – aus einer von ihnen ist schließlich das ›Doppelte Lottchen‹ hervorgegangen.

Die Spaltung in einen in Deutschland schreibenden und im Ausland erscheinenden, dann offiziell schweigenden und privat schreibenden Autor könnte einer der Gründe für Kästners Beschäftigung mit diesem Motiv sein. Daß die äußeren Umstände ihn zwangen, unter verschiedenen Pseudonymen zu schreiben, dürfte dabei die innere Frage: ›Wer bin ich?‹ nur um so dringlicher gemacht haben. Doch die Verteilung seines Ich auf unterschiedliche Figuren seines Werkes ist nicht nur durch die politischen Umstände bedingt, sondern bereits Kästners ganzes Leben und Schreiben hindurch zu beobachten gewesen.

Insbesondere der Wunsch nach einem zweiten Erich, sei dies nun ein Doppelgänger oder Zwilling, kommt in einer Episode seiner Autobiographie ›Als ich ein kleiner Junge war‹ (1957) unmißverständlich zum Ausdruck. Der erwachsene Mann berichtet hier rückblickend von den Heiligen Abenden der Familie Kästner, die das Kind zutiefst geprägt, vielleicht sogar traumatisiert haben und mit Sicherheit eine Schlüsselszene nicht nur der Autobiographie, sondern der menschlichen wie künstlerischen Biographie des Autors darstellen. Er erzählt, wie der kleine Junge sich zwischen der Liebe und den Geschenken der seinetwegen aufeinander eifersüchtigen Eltern zerteilen, halbieren und seine Freude »zerlegen und zerlügen« mußte *(W 7, 100)*. Die Feststellung, daß der glückliche oder tragische Ausgang der Bescherung allein von seinem schauspielerischen Talent abhing, könnte darüberhinaus die Bedeutung erklären, die Rollenspiele, Verkleidungen, Kulissen und Scheinwelten in Kästners Werk besitzen. Die Dopplung der beiden Lottchen geht also, unter anderem, auf ein Kindheitserlebnis ihres Schöpfers zurück, die Geschichte der Zwillingsschwestern hat viel mit seiner eigenen zu tun. Daß die Darstellerinnen seines inneren Zwiespalts diesmal kleine

JAHRGANG 1950 · NUMMER 36 · MÜNCHEN, 7. OKTOBER · PREIS 40 PFENNIG

DIE NEUE Münchner Illustrierte

Deutschlands jüngste Stars

Deutsche Freiwillige für Fernost Seite 31

40 Bildbericht von den Dreharbeiten

Mädchen und nicht kleine Jungen sind, liegt wahrscheinlich daran, daß er Shirley Temple vor Augen hatte, als er ihre – oder seine – Geschichte erfand.

Die Keimzelle des Zwillingsstoffes, das Filmexposé für den amerikanischen Kinderstar, enthält einen weiteren wichtigen Hinweis. Wie charakterisiert Kästner in seinem ersten Entwurf die beiden äußerlich so ähnlichen und innerlich so verschiedenen Schwestern Mary und Dorothy? Am unteren Rand der zweiten Seite ist, nachträglich von Hand eingefügt, zu lesen: »Mary, das etwas verwilderte Artistenkind«, und »Dorothy, das behütete Töchterchen«. So birgt auch die erste ›Lottchen‹-Version wieder den einen grundlegenden Konflikt, den der Sohn und Dichter zuerst mit einigen Schwierigkeiten, dann aber in einem immer gekonnteren Balanceakt ausgelebt hat, den Konflikt zwischen dem Musterknaben und seinem Gegenteil, zwischen dem Bürger und dem Künstler Kästner. In den späteren Fassungen des Stoffes verlagert sich dieser Konflikt von der Ebene der Kinder in die der Erwachsenen, genauer: in die Figur des Vaters. Herr Kapellmeister Palfy, der sich zwischen der Rolle des Künstlers und der Rolle des Familienvaters entscheiden soll, der sich aber bis zuletzt die Entscheidung, nämlich die Tür zum neben der Wohnung gelegenen Atelier offenhält, ist, wie seine eigenen Töchter, ein weiteres Double des Autors Kästner. Daß die beiden aus derlei Entscheidungsnöten und zudem in dunklen Zeiten geborenen Zwillingskinder einmal zum beliebtesten Familienfilm der Nachkriegszeit werden sollten, war ihnen wahrlich nicht an der Wiege gesungen.

Eine letzte Frage schließlich spielen die beiden Schwestern durch, eine Frage, die mit der Zeit ihrer Geburt zusammenhängt, aber ins Grundsätzliche ausgeweitet werden kann. Ungefähr zeitgleich mit ihnen, Mitte der dreißiger Jahre, entsteht Kästners Plan zu seinem erst zwanzig Jahre später aus- und aufgeführten Theaterstück ›Die Schule der Diktatoren‹. Diese »Komödie«, so lautet die Gattungsbezeichnung, ist ein ins Zeitlose formulierter Rückblick auf die nationalsozialistische Vergangenheit. Ihr zugrunde liegt die der Nazi-Diktatur geschuldete Erfahrung, »daß sich der Mensch, unter Beibehaltung seiner fotografischen Ähnlichkeit, bis zur Unkenntlichkeit verunstalten läßt.« *(W 5, 461)* Die doppelten Lottchen gehorchen einer genau entgegengesetzten und dadurch um einiges hoffnungsvolleren Versuchsanordnung: Worin bleibt der Mensch sich gleich, auch wenn sein Äußeres, Aussehen wie Umwelt, sich grundlegend ändert?

Ein Zwillingspaar, das gilt im Leben wie in der Kunst, gibt nun aber nicht nur Veranlassung, ernsthaft über sein wahres Ich nachzudenken, es ist immer auch Anlaß zu überaus komischen Verwechslungen. Und der Film bietet womöglich das ideale Medium, um den ästhetischen Reiz dieses Motivs voll auszukosten. Unter Umständen ist deshalb das ›Doppelte Lottchen‹ zunächst für den Film erfunden worden, mit Sicherheit ist es deshalb der am häufigsten verfilmte Kinderroman Kästners, wenn nicht gar der am häufigsten verfilmte Stoff des Autors überhaupt. Dreimal werden die Zwillinge – oder besser: wird der Zwilling – sogar, wie es Kästner ursprünglich vorschwebte, mit einer Doppelrolle besetzt, das heißt mit einem einzigen Mädchen, das jedoch dank technischer Hilfsmittel den Eindruck erweckt, es sei doppelt. Ein weiteres halbes Dutzend mal treten jeweils zwei Zwillinge vor die Kamera, so daß Lotte und Luise in Deutschland, Japan, England und den USA eine recht ansehnliche Zahl von Geschwisterpaaren aus Zelluloid vorweisen können. Rechnet man die Übersetzungen in 39 verschiedene Sprachen hinzu – in diesem Punkt wird Lottchen nur noch von Emil übertroffen –, so hat das Zwillingspaar die Dimensionen selbst einer Großfamilie erfolgreich gesprengt. Damit dürfte ein Herzenswunsch ihres geistigen Vaters in Erfüllung gegangen sein. Der Schöpfer nämlich läßt Lottchen, sein Geschöpf, am Schluß des Romans, nachdem die Zwillinge die Eltern wieder zusammengeführt haben, beim Kindermädchen Resi anfragen: »›Wie ist das eigentlich, Resi? Wo nun Vati und Mutti wieder mit uns zusammen sind, können Luise und ich doch noch Geschwister bekommen?‹ ›Ja freilich!‹ erklärt Resi zuversichtlich. ›Wollt ihr denn welche haben?‹ ›Natürlich‹, meint Luise energisch. ›Buben oder Mädels?‹ erkundigt sich Resi angelegentlich. ›Buben *und* Mädels!‹ sagt Lotte. Luise aber ruft aus Herzensgrund: ›Und lauter Zwillinge!‹« *(W 8, 253f.)*

Doch ist dies nicht der letzte Schluß. Der eben zitierte Dialog, dessen filmische Herkunft wieder nicht zu überhören war, fehlt in dem nach dem Roman gedrehten Film, der tatsächlich in die Kinos kam. Dieser endet mit der Aufführung einer Oper, besser noch: einer Kinderoper, komponiert von Kapellmeister Palfy, dirigiert von Kapellmeister Palfy. Der Künstler bleibt also bei seinen Künsten, stellt sie aber in den Dienst der Familie. Die dankt es ihm und lächelt, aus der Zuschauerloge heraus, dem Vater bewundernd zu. Aber wer weiß, wer diesen Schluß beschlossen hat. In einem der erhaltenen Drehbücher nämlich ist wieder ein anderes Ende vorgesehen, genau genommen sogar mehrere. Das Problem, den rechten Schluß zu finden, kommt dort in der Rahmenhandlung, einem Dialog des Erzählers Kästner mit einem Kind, ausdrücklich zur Sprache. Eine der weiteren ins Auge gefaßten Lösungen ist technischer Natur: Im Ferienheim, wo sie aufeinander gestoßen waren, hatten die Zwillinge sich photographieren lassen; nicht als Luise und Lotte, mit Locken und Zöpfen, sondern als doppeltes Lottchen, nebeneinander und ununterscheidbar, links und rechts Zöpfe, auf beiden Seiten. Durch diese Photographie wurde die Mutter in der Bildredaktion der ›Münchner Illustrierten‹ auf die Verwechslung ihrer Kinder aufmerksam. Während sie in Wien ist, um die beiden Hälften der Familie wieder zusammenzufügen, setzt ihr Vorgesetzter, gegen ihren Willen und ohne ihr Wissen, die Mädchen als Titelbild in die Zeitung. Durch diese Photographie erfährt sodann das Münchner Lehrerkollegium die ganze Geschichte, es erfährt sie die Geliebte des Vaters, und es kann sie im

Grunde alle Welt erfahren, jeder zumindest, der die Zeitung kauft oder nur die Titelseite sieht. Die Verbreitung ihrer Kinder geschieht somit ohne jegliches Zutun der Eltern und sogar gegen die Absicht der Abgebildeten. Die Fäden in der Hand hält allein der Photograph – und nicht nur die Fäden: »›Dieser Herr Eipeldauer!‹ sagt Luise. ›Uns so hineinzulegen!‹ ›Wir dachten doch, wir hätten *alle* Fotos zerrissen!‹ meint Lotte. ›Er hat ja die Platten!‹ erklärt die Mutti. ›Da kann er noch Hunderte von Bildern abziehen!‹ ›Wie gut, daß er euch angeschmiert hat‹, stellt der Vater fest.« *(W 8, 250)* Genau diese Photographie, oder vielmehr eine ihrer Reproduktionen sollte, an die Küchentür der wiedervereinten Familie Palfy gehängt, die Geschichte beschließen, als Standbild und auf Leinwandbreite vergrößert: »Kamera fährt nahe – auf die Küchentür zu, bis nur noch die Illustriertenseite mit den zwei Zopfmädchen im Bilde ist«, heißt es am Schluß der vorletzten Einstellung und am Ende der Handlung in einem der Drehbücher.

41 Schlußvignette von Walter Trier für ›Das doppelte Lottchen‹

Lauter Zwillinge, eine Kinderoper und ein Zeitungsphoto – mit Romanschluß, Filmschluß und Drehbuchschluß dürften sämtliche Möglichkeiten der biologischen, künstlerischen und technischen Reproduzierbarkeit von Kindern ausgeschöpft und keine weiteren Schlüsse vorstellbar sein. Doch einen gibt es noch. So ähnlich das Treatment vom Winter 1942/43 dem 1949 veröffentlichen Roman auch gewesen sein mag, wie bei echten Zwillingen bestehen auch hier ein paar wesentliche Unterschiede. Einer von ihnen liegt am Ende und fügt dem vielfachen Schriftsinn des doppelten Lottchens einen weiteren (Un)Sinn hinzu. Der ist, wieder einmal, eng an die Entstehungs(un)zeit dieses Zwillingsmärchens gebunden, das, in seiner deutschen Variante, nicht nur im

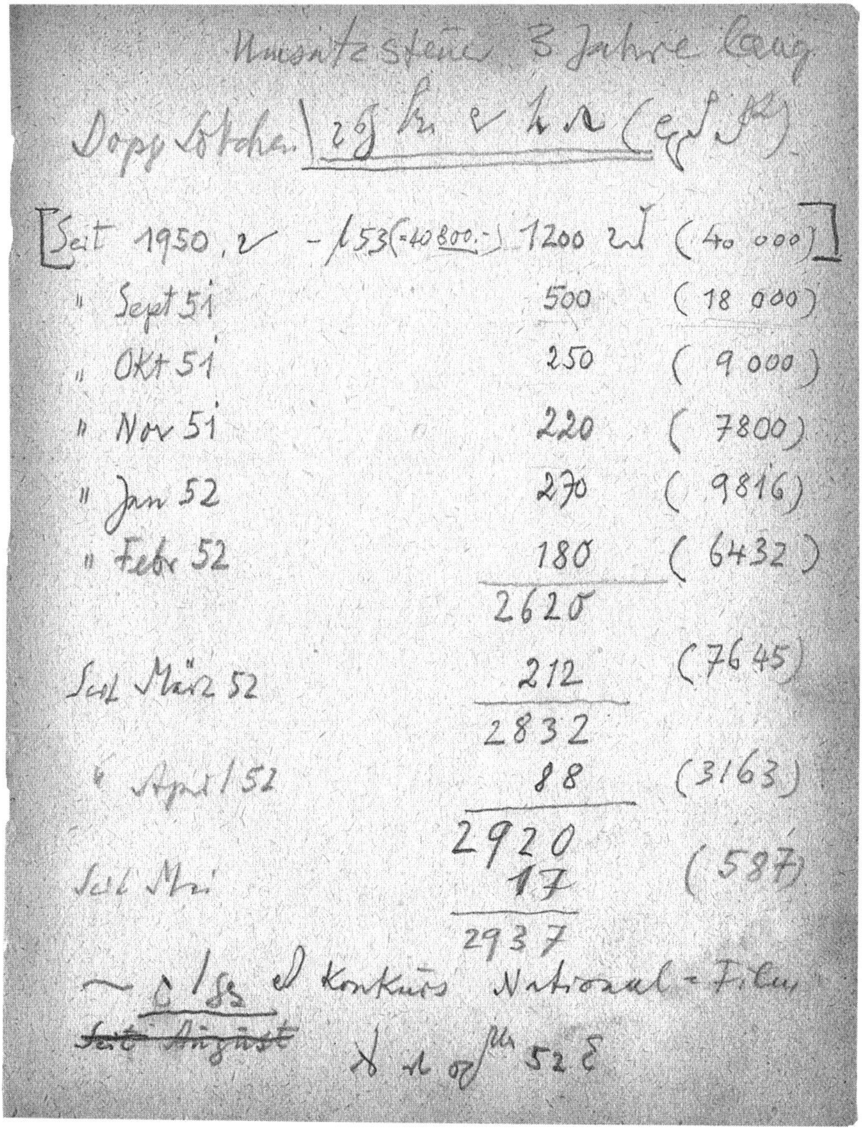
Umsatzsteuer 3 Jahre lang

[Seit 1950 — 1200 (40 000)]

" Sept 51 — 500 (18 000)

" Okt 51 — 250 (9 000)

" Nov 51 — 220 (7800)

" Jan 52 — 270 (9816)

" Febr 52 — 180 (6432)

2620

Seit März 52 — 212 (7645)

2832

" April/52 — 88 (3163)

2920

Seit Mai — 17 (587)

2937

Konkurs National-Film

~~Seit August~~

52

42 Steuerberechnungen des Drehbuchautors Kästner

Krieg zur Welt kam, sondern zeitgleich mit Kästners Beteiligung an der Verfilmung der Geschichte vom Lügenbaron Münchhausen. Dort wie hier verwendet er dasselbe Pseudonym, und hier wie dort will er die Welt des schönen Scheins von der Wirklichkeit unterschieden wissen. Was der ›Münchhausen‹-Film gleich zu Anfang durch ein augenzwinkerndes Ölgemälde zu verstehen gibt, das sagt das (beinahe) ursprüngliche Treatment der doppelten Lottchen mit einem verbalen Augenzwinkern zum Schluß. Das ›Große Geheimnis‹ des Berthold Bürger endet mit den Worten: »Ja, und noch eins! Am Anfang dieser Geschichte wurde behauptet, sie sei wirklich und wahrhaftig aus dem Leben gegriffen. Also, ganz im Vertrauen: das war leider gelogen. Die Geschichte ist erfunden. Aber von dieser einen kleinen Lüge abgesehen, ist alles, was erzählt wurde, Wort für Wort wahr!«

43 Zeichnung von Walter Trier

Andreas Bode
Erich Kästner, Jella Lepman und die Internationale Jugendbibliothek München

In den Redaktionsräumen der ›Neuen Zeitung‹ muß es gewesen sein, als Erich Kästner, dort Feuilletonchef, zum ersten Mal eine hochgewachsene, hagere Frau mit schwäbischem Akzent traf, die sich mit »Mrs. Lepman« anreden ließ. Jella Lepman (1891 – 1970) arbeitete seit Oktober 1946 in der Redaktion der Illustrierten ›Heute‹ – wie ›Die Neue Zeitung‹ eine amerikanische Gründung mit dem Ziel der demokratischen Umerziehung der Deutschen. Vor kurzem erst war sie als »Adviser für die kulturellen und erzieherischen Belange der Frauen und Kinder in der amerikanischen Besatzungszone« aus der Emigration in London zurückgekehrt, wo sie wegen ihrer jüdischen Abstammung nach etlichen Irrfahrten gelandet war und beim amerikanischen Sender Arbeit gefunden hatte.

Ausgestattet mit der Autorität der Uniform eines amerikanischen Oberst, war es ihr, der Nachkriegsmisere zum Trotz, gelungen, in München eine ›Internationale Jugendbuchausstellung‹ im ehemaligen ›Haus der deutschen Kunst‹, nun schlicht ›Haus der Kunst‹ genannt, auf die Beine zu stellen, die am 3. Juli 1946 mit über 4000 Büchern aus 14 Ländern eröffnet worden war. Die Militärs im Hauptquartier zu Bad Homburg, auf deren Stirnen das Ansinnen, eine Kinderbuchausstellung unterstützen zu sollen, bedenkliche Falten entstehen ließ, hatte Mrs. Lepman mit der Überlegung gewinnen können: »Lassen Sie uns bei den Kindern anfangen, um diese gänzlich verwirrte Welt langsam wieder ins Lot zu bringen. Die Kinder werden den Erwachsenen den Weg zeigen«. *(Die Kinderbuchbrücke, S. 47)*

Kästner hatte über diese Ausstellung in der ›Neuen Zeitung‹ am 5. Juli 1946 schon begeistert geschrieben, noch bevor er Jella Lepman persönlich kennenlernte. Daher fiel es ihr nicht schwer, ihn nach dem gemeinsamen Kennenlernen noch zu einem weiteren Beitrag zu bewegen. Den Kindern in Berlin, wohin die Ausstellung im Dezember 1946 inzwischen gewandert war, sollte ein kleines literarisches Weihnachtsgeschenk gemacht werden, damit sie sich nicht nur die Nasen an den Ausstellungsvitrinen platt drücken mußten: Neben ›Ferdinand, der Stier‹ von Munroe Leaf, den Jella Lepman ganz naiv als »Raubdruck« verbreitete, bekamen sie eine bunte Doppelseite aus der Zeitschrift ›Heute‹ in die Hand gedrückt, die das berühmte Gedicht von Clement Clarke Moore ›A Visit from St. Nicholas‹ (Besuch vom Sankt Nikolaus) mit hübschen Randzeichnungen in Kästners Übersetzung enthielt.

Schon bei der Planung der Ausstellung hatte Jella Lepman sich Gedanken darüber gemacht, was mit den gespendeten Büchern denn später geschehen solle. Für sie stand sehr bald fest, mit ihnen eine international ausgerichtete Jugendbibliothek zu gründen, die ihre Idee der »Internationalen Verständigung durch Kinderbücher« weitertragen würde. Nachdem Kästner sich ihr gegenüber so hilfsbereit gezeigt hatte, fiel es ihr offensichtlich nicht mehr schwer, ihn auch für diesen Traum zu begeistern.

Die Gründung der »Internationalen Jugendbibliothek« im zerstörten Nachkriegsdeutschland forderte Jella Lepmans ganzen Mut und Enthusiasmus. Welche Hindernisse sie überwinden mußte, beschreibt sie anschaulich in ihren Erinnerungen ›Die Kinderbuchbrücke‹ *(1964)*. Als schließlich Subventionen von der Rockefeller-Foundation winkten, mußte für deren Annahme zuerst ein Trägerverein geschaffen werden, der am 15. Dezember 1948 gegründet wurde. Zu den ersten Mitgliedern gehörten unter anderen Hans Ludwig Held, der bekannte Leiter der Münchner Stadtbibliothek, Hildegard Brücher (später Hamm-Brücher) – und natürlich Erich Kästner mit seiner Lebensgefährtin Luiselotte Enderle!

Doch bevor es überhaupt so weit war, daß diese Bibliothek aus dem Prinz-Carl-Palais in ein eigenes Haus ziehen konnte, ließ die sich verschlechternde politische Lage Jella Lepmans Friedenseifer keine Ruhe. In ihrem Kopf entstand ein Buchprojekt, für das sie Kästner unbedingt gewinnen mußte. Er schrieb darüber am 17. März 1947 an seinen inzwischen nach Kanada ausgewanderten Freund Walter Trier: »Mrs. Yella Lepman, die hier in München im gleichen Verlag wie ich tätig ist und sich u. a. besonders um die in Deutschland wandernde internationale Jugendbuchausstellung entscheidend verdient gemacht hat, hat einen Einfall von internationaler Tragweite: Es handelt sich um ein Bilderbuch, das sehr schnell und möglichst in allen Sprachen erscheinen müsste. Sie hat meine Freundin Luiselotte Enderle und mich gebeten, mit ihr gemeinsam an der Ausarbeitung der Idee zu wirken. Die entscheidende bildnerische Mitarbeit müssten unbedingt Sie übernehmen, es gibt keinen anderen und niemand weiss einen besseren.« Das Bilderbuch, um das es geht, war das bald weltweit berühmte Buch ›Konferenz der Tiere‹, Triers letztes großes illustratives Werk.

Doch so schnell ging es doch nicht. Erst, als es Winter war (1947/48), wanderte Kästner mit Kater und Freundin zu Jella Lepman in die Biedersteinstraße, um dort in einigen gemeinsamen Sitzungen den Entwurf für das Buch zu machen. Die Initiatorin erinnerte sich: »›Und der Micky ist auch dabei‹, sagte ich und strich dem ein wenig fauchenden Kater liebevoll über den Rücken. ›Er ist die Hauptperson‹, erwiderte Erich Kästner mit seinem leicht sächsischen Anklang, ›wie sollen wir ohne Tiere eine Konferenz der Tiere schreiben?‹ Micky wurde sanft auf den weißen Porzellanofen gesetzt, der durch die Zentralheizung außer Dienst war, dort gefiel es ihm, und er fing sofort zu schnurren an. Gelangten wir in unserer Arbeit auf einen

44 Porträt Jella Lepmans aus einem Artikel der ›Süddeutschen Zeitung‹ von 1952, Zeichnung von H. Meyer-Brockmann

toten Punkt, so stand Erich Kästner vom Stuhl auf und ging zum Ofen: ›Vielleicht weißt du, Micky, wie es weitergeht. Hilf uns aus der Patsche!‹ Und das tat Micky natürlich, er hatte nicht umsonst Familienanschluß in einem Dichterhaushalt.« *(Die Kinderbuchbrücke, S. 108)*

Die ›Konferenz der Tiere‹ erschien erst 1949, aber genau zur richtigen Zeit, denn der Weltfrieden hatte inzwischen mit der Berlinblockade einen ernsthaften Stoß bekommen. Ein solches Buch war notwendiger denn je, sein Pazifismus entsprach sowohl Kästners als Jella Lepmans Einstellung und war ein Ausdruck ihrer beider Sorge um die Zukunft der Kinder und den Weltfrieden.

Die Eröffnung der Internationalen Jugendbibliothek in der restaurierten Villa Kaulbachstraße 11a am 14. September 1949 wurde von Kästner natürlich publizistisch unterstützt. In seinem ›Brief an alle Kinder der Welt‹ *(Münchner Merkur)* machte er ihnen das Haus sozusagen zum Geschenk. Er erklärte ihnen, daß eine internationale Büchersammlung ihren Wert auch habe, wenn man ein Buch nicht lesen könne. Denn immerhin könne man »bereits beim bloßen Durchblättern eines Buches, von dem man keine einzige Silbe versteht, lernen, daß es auf der Welt sehr unterschiedlich zugeht, so bunt wie in einem Blumengarten, und daß die Veilchen und ein Volk gleich töricht sein können.« Nicht nur für Jella Lepman, auch für Kästner war diese Bibliothek mehr als eine Ausleihstelle von Kinderbüchern aus aller Welt; sie war für ihn eine »Kinderuniversität«, ein Instrument zur Friedenserziehung. *(Oberösterreichische Nachrichten, 20. Oktober 1951, S. 19)*

Mit dem Start der Internationalen Jugendbibliothek wurde auch eine alte Idee Kästners wahr, ein Theater für Kinder zu gründen, wenigstens für kurze Zeit. Schon 1946 hatte er in der ›Neuen Zeitung‹ *(21. Oktober 1946)* einen Plan für eine Jugendtheatergruppe vorgestellt und diesen auch in anderen Aufsätzen und in Vorträgen, unter anderem in der Schweiz, weiterentwickelt *(Nationale Zeitung Basel, 17. Februar 1950)*. Kästner folgte hier – bewußt oder nicht bewußt – einem Konzept von Elsa Olenius, die 1942 in der Bibliothek von Stockholms »Medborgarhuset« ein Kindertheater gegründet und damit bewirkt hatte, daß künftig in vielen schwedischen öffentlichen Bibliotheken solche Theater eingerichtet wurden.

Die Leitung der Jugendtheatergruppe, die Anfang 1950 ihre Arbeit begann, übernahm Kästner persönlich. Als Zielpublikum sah er Jugendliche ab 14 Jahren. Über seine Vorstellungen teilte er dem dänischen Journalisten Svend Bahnsen folgendes mit: »Die Idee kam natürlich von den Kindern selbst. Der Grund ist der, daß man sich in der Schule schon lange mit der Entwicklung des Körpers befaßt hat. Dagegen hat man fast vollständig die Phantasie, den Spieltrieb vergessen. Diese Unterlassung hatte, besonders für uns Deutsche, schwerwiegende Folgen. Ein Beispiel: Es hat nicht den geringsten Sinn, einer Generation zu verbieten, Soldaten zu spielen. Mit einem Verbot erreicht man nichts, eher das Gegenteil! Deshalb spielen wir Theater in der ›Internationalen Jugendbibliothek‹. Den Wert dieses Spielens kann man nicht hoch genug einschätzen…

Bei uns hier schreiben die Kinder ihre eigenen Theaterstücke. Erwachsene Autoren, Regisseure und Verleger sind oft anwesend und helfen ihnen ab und zu mit guten Ratschlägen. Danach wird das Stück einstudiert, während andere Gruppen verschiedenen Alters neue Stücke schreiben. Die Kinder machen – unter Anleitung – alles selbst. Sie schreiben, inszenieren, spielen, bauen Kulissen und nähen Kostüme. Und Sie können mir glauben, hier gibt es Diskussionen und Uneinigkeit, Leben und frohe Tage auf der ganzen Linie!« *(Oberösterreichische Nachrichten, 20. Oktober 1951, S. 19)*

Leider hielt sich die Gruppe nicht allzu lange. Ob der Grund der Aufgabe bei Kästner oder in einer veränderten Konzeption der Aktivitäten der Internationalen Jugendbibliothek lag, ist nicht bekannt. Die letzten Sitzungen fanden 1952 statt.

Jella Lepman besaß großes Geschick darin, prominente Persönlichkeiten für ihre humanistischen Ziele zu verpflichten; die Verbindungen zu Martin Buber, Ortega y Gasset, Carl Zuckmayer und anderen beweisen es. So ließ sie auch ihre Freundschaft mit Erich Kästner nicht ungenutzt. Kästner, der sich nach dem Krieg für theoretische Fragen der Kinderliteratur zu interessieren begann, hatte ohne Zweifel aus der Zusammenarbeit mit der Internationalen Jugendbibliothek wichtige Anregungen erhalten. In Jella Lepmans internationalen fachlichen Aktivitäten sah er eine Chance, seine Vorstellungen und Erkenntnisse zu propagieren. Die erste Gelegenheit ergab sich für ihn während der ersten Konferenz, die Jella Lepman unter dem Titel ›Internationale Verständigung durch das Kinder- und Jugendbuch‹ vom 16. bis 18. November 1951 im Münchener Prinz-Carl-Palais organisiert hatte.

Kästner leitete während der Tagung eine Podiumsdiskussion zum Thema ›Schriftsteller und Illustratoren haben das Wort‹. Er stellte dort als Advocatus Diaboli zwei Behauptungen auf, deren Tendenz er in späteren Äußerungen noch weiter ausführte: 1. Echte Schriftsteller schreiben keine Jugendbücher; die Jugendbücher schreiben, sind keine Schriftsteller. 2. Dasselbe gilt für Künstler beziehungsweise für Illustratoren. Im Verlauf der Diskussion, wie man »echte« Schriftsteller und Künstler für die Jugendliteratur gewinnen könne, um deren Niveau zu heben, wurde Kästner aufgefordert, den P.E.N. zu bewegen, sich in einer Sondersitzung den Fragen des Jugendbuchs zuzuwenden. Tatsächlich schlug Kästner (vermutlich Anfang 1952) dem »International Executive Committee of P.E.N.« und dem französischen P.E.N.-Zentrum, die ihren nächsten Kongreß in Nizza vorbereiteten, vor, dort das Thema ›The Juvenile Book‹ zu behandeln. Er sei der Überzeugung, schrieb er, »daß der Kongreß ein besonders geeignetes Forum für das genannte Thema wäre und eine schöne Gelegenheit, die Ideen der P.E.N.-Charta zu konkretisieren, sowie womöglich ein Weg, der ›Internationalen Verständigung durch das Jugendbuch‹ zu dienen« *(P.E.N.-Archiv Darmstadt)*. Bemerkenswert ist, wie

45 – 47 Bei der Lektüre der ›Konferenz der Tiere‹ in seiner ersten Münchner Wohnung, Fuchsstraße 2 (Photos: Felicitas Timpe, München; EKA)

er hier das Schlagwort Jella Lepmans von der »internationalen Verständigung durch Kinderbücher« fast wörtlich übernahm! Leider hatte sein Vorstoß keinen Erfolg – das P.E.N.-Zentrum war nur bereit, über für Jugendliche geeignete »Erwachsenenliteratur« zu diskutieren.

Am 18. November 1951 war in der abschließenden Sitzung beschlossen worden, eine »internationale Arbeitsgemeinschaft zur Förderung des Jugendbuches« zu schaffen, was zur Gründung des »International Board on Books for Young People« (IBBY) führte *(Internationale Jugendbibliothek, Jahresbericht 1951, S. 46)*. Kästner war dabei und nahm auch als »Beobachter« an der »gesetzgebenden Tagung« des künftigen »Kuratoriums für das Jugendbuch« (wie IBBY anfangs in Deutschland hieß) am 3. Oktober 1952 in der Internationalen Jugendbibliothek teil.

Schon auf der ersten IBBY-Konferenz im September 1953 in Zürich hielt Kästner ein vielbeachtetes Referat über das Thema ›Jugend, Literatur und Jugendliteratur‹. Kästner vertiefte darin seine schon während der Tagung von 1951 vorgebrachte Kritik des Dilettantismus damaliger Jugendschriftsteller. Er stellte folgende gewagte These auf und erläuterte sie: »Schriftsteller, die nur Jugendbücher schreiben, sind keine Schriftsteller, und Jugendschriftsteller sind sie schon gar nicht. Diese These stimmt nicht. Natürlich stimmt sie nicht. Es gibt Gegenbeispiele. Aber die These ist wahr! Sie ist nur zu wahr. Die meisten Jugendbücher, die geschrieben werden, sind überflüssig, wenn nicht schädlich. Und die Jugendbücher, die wichtig wie das liebe Brot wären, werden nicht geschrieben. Das klingt hart. Es stimmt nicht. Und es ist wahr. Wer nicht schreiben kann, nicht die pure Wirklichkeit, noch den Zauber der ungebundenen Phantasie spürt und trotzdem schreiben möchte, schreibt Kinderbücher. Wer eine Malschule oder eine Akademie besucht hat und dessen ungeachtet weder Maler noch Zeichner geworden ist, illustriert Jugendbücher ... Wieviel Dilettantismus, Tantenhaftigkeit, Geschäftemacherei, Kitschsucht, Dunkelmännerei und Propaganda sind am Werke, das ›Jahrhundert des Kindes‹ zu etablieren!« In die ähnliche Richtung ging auch eine spätere Polemik Jella Lepmans gegen die Trennung des »Erwachsenen-Kästners« vom »Kinder-Kästner«: »Jetzt stellen die Kritiker (...) den Kinder-Kästner in das hintere Buchregal, der Erwachsenen-Kästner soll ihn verdecken. Ich protestiere dagegen und zwar sehr heftig! Man kann ein großer Schriftsteller oder Dichter sein und zugleich für Kinder und Erwachsene schreiben, und ich vermag nicht zu sagen, welche Gruppe die wichtigere ist.« *(Typoskript »Der Kinder-Kästner« J. Lepmans, 1966. Als Leserbrief nur auszugsweise gedruckt in: ›Die Zeit‹, 19. August 1966)*

Ein Jahr nach seinem 60. Geburtstag, den er mit Kindern in der Internationalen Jugendbibliothek bei Kaffee und Kuchen feierte, bekam er für sein kinderliterarisches Werk den von Jella Lepman 1956 mitbegründeten, höchst angesehenen internatio-

nalen ›Hans Christian Andersen Preis‹ *(September 1960)*. Die Übergabe der Medaille fand in Luxembourg statt. Es ist anzunehmen, daß Jella Lepman, die von 1956 – 1970 Mitglied der Andersenjury war, 1956 und 1958 auch als Präsidentin, diese Entscheidung für Kästner energisch gefördert hat. In seiner Dankesrede schwor er seiner alten These, nur »echte« Schriftsteller könnten gute Jugendbücher schreiben, ab: »Man glaubt, und auch ich glaubte es lange Zeit, daß der Schriftsteller und der Jugendschriftsteller blutsverwandt und daß die beiden Berufsbezeichnungen nahezu Synonyme seien. Das ist ein fundamentaler Irrtum! Gemeinsam ist den zweien, daß sie, mit maximal drei Fingern, die Schreibmaschine benutzen und, so gut sie es zuwege bringen, ihre Muttersprache, sonst aber nichts!
Ich deutete schon an, daß auch ich mich lange getäuscht und den naheliegenden Irrtum mit der Wahrheit und der Wirklichkeit verwechselt habe. Was hat mich belehrt? Die Erfahrung. Immer wieder, jahrzehntelang, versuchte ich, ausgezeichnete und mit mir befreundete Schriftsteller zum Schreiben von Kinderbüchern zu bewegen, und ich malte ihnen die Notwendigkeit guter Jugendliteratur in allen Farben. Wenn sie sich sträubten, hielt ich sie für arrogant. Wenn sie nichts schrieben, hielt ich sie für faul. . . Sie merkten es bald, und auch ich mußte es feststellen: Sie waren Schriftsteller, aber Jugendschriftsteller, das waren sie nicht.«
Jella Lepman hatte 1957 die Leitung der Internationalen Jugendbibliothek an Walter Scherf abgegeben und war nach Zürich gezogen. Der unmittelbare Kontakt zu Kästner war damit naturgemäß sehr reduziert worden. Aber als sie im Juli 1969 von der Universität Frankfurt für ihre Verdienste um die internationale Verständigung »durch geeignete Lektüre« geehrt wurde, hielt Erich Kästner die Laudatio, in der er unter anderem sagte: »Wenn ich mich, auf die lange Zeit zurückblickend, frage, welche Talente Jella Lepmans für die Erfolge und deren Haltbarkeit am unentbehrlichsten waren, fällt mir die Antwort nicht schwer. Sie heißen: Phantasie und Energie! Die Reihenfolge habe ich nicht zufällig gewählt. Sie ist als Rangordnung gemeint. Und jeder, der die eminente Energie dieser Frau erleben durfte (oder womöglich erfahren mußte), kann ermessen, wie hoch ich das erstgenannte Talent, ihre schöpferische, nahezu unerschöpfliche Phantasie veranschlage.
Ich spreche nicht wie der Blinde von der Farbe. Dutzende von Malen habe ich erlebt, wie dieses Talent funktionierte, und gelegentlich auch, wie es auf mich selber produktiv einwirkte. So wäre beispielsweise ›Die Konferenz der Tiere‹, das Bilderbuch für ›Kinder und Kenner‹, ohne Jella Lepmans Grundeinfall nicht auf der Welt. Und während Walter Trier in Kanada und ich in München das Buch zustandebrachten, war sie in ihren Siebenmeilenstiefeln längst über alle Berge, auf der Suche nach neuen Verbündeten, nach fündigen Goldadern, nach neuen Wegen zu ihrem alten und einzigen Ziel: die Kinder aller Völker und Kontinente davon zu überzeugen, daß

sie Geschwister seien, und voller Hoffnung, daß sie das beizeiten Begriffene mit fortschreitendem Alter und trotz später drohender Verkalkung nicht vergäßen. Eine Missionarin? Meinetwegen. Aber mit Kinderbüchern, nicht mit Bibeln...« – Worte, die zum treffenden Nachruf eines Betroffenen wurden, als sie schließlich am 4. Oktober 1970 starb *(Süddeutsche Zeitung, 24.-25. Oktober 1970)*.

Der Internationalen Jugendbibliothek blieb Kästner zu Zeiten Jella Lepmans und danach bis zu seinem Tod ein guter, väterlicher Freund. Im Jahr seines 65. Geburtstages, im September 1964, wurde dort eine große Ausstellung seiner Werke veranstaltet, die anschließend vom Goethe-Institut auf Weltreise geschickt wurde. Anläßlich seines siebzigsten Geburtstages wurde er Ehrenmitglied der Internationalen Jugendbibliothek *(Mai 1969)*.

Eine weitere Ausstellung in der Internationalen Jugendbibliothek im März 1974, die sich auf das kinderliterarische Werk Kästners konzentrierte, war schon ein Abschiedsgruß – am 29. Juli desselben Jahres starb Erich Kästner. Ein Jahr nach seinem Tod, am 9. Juni 1975, gründeten Freunde die ›Erich Kästner Gesellschaft‹ – sie hat heute ihren Sitz in der Internationalen Jugendbibliothek. Dort, in Schloß Blutenburg, gibt es auch einen Torturm, in ihm das »Erich Kästner-Zimmer«, in dem seine Werke versammelt sind und die Erinnerung an diesen großen Freund der Bibliothek ständig wachgehalten wird.

Frieden, Schokolade und Geschichten: Was brauchen Kinder?

»Ein paar Passanten, die den Schrei gehört hatten, drehten sich um. Fabian beugte sich über das breite Geländer. Er sah den Kopf des Kindes und die Hände, die das Wasser schlugen. Da zog er die Jacke aus und sprang, das Kind zu retten, hinterher. Zwei Straßenbahnen blieben stehen. Die Fahrgäste kletterten aus dem Wagen und beobachteten, was geschah. Am Ufer rannten aufgeregte Leute hin und wieder.

Der kleine Junge schwamm heulend ans Ufer.

Fabian ertrank. Er konnte leider nicht schwimmen.« *(W 3, 199)*

Das Ende von ›Fabian‹, Kästners erstem Roman für Erwachsene, kommt überraschend. Fabian, der Protagonist und zumindest der Chronologie ihres Erscheinens nach jüngere Bruder von Emil und Anton stirbt bei dem Versuch, ein Kind zu retten. Oder sollte er möglicherweise gar nicht gestorben, sondern in Gestalt des Kindes wieder ans Ufer gekrabbelt sein, aus dem reinigenden Bad in der heimatlichen Dresdner Elbe hervorgegangen wie der Phönix aus der Asche, wie Pallas Athene aus dem gespaltenen Schädel des Zeus, wie Rotkäppchen aus dem Bauch des bösen Wolfs oder wie das Püppchen aus dem Püppchen aus dem Püppchen? Das hoffnungslose Ende des Fabian wie des Romans ›Fabian‹ (1931) ist vielleicht so hoffnungslos nicht, ist vielleicht nicht einmal ein Ende, kommen in ihm doch zwei Hoffnungen zum Tragen: die Hoffnung auf den Wechsel der Generationen und, wieder einmal, die Hoffnung auf das Kind im Mann.

In einem Punkt allerdings hat Fabian versagt. Das Kind konnte er nicht retten. Er konnte es aus zwei Gründen nicht: weil er Nichtschwimmer war und weil das Kind sich selbst geholfen hat. Ob es sich nicht retten ließ, nicht zu retten war, nicht gerettet werden wollte oder mußte, ist kaum zu unterscheiden. Fabians Ende jedenfalls zeigt auch dies: daß es aus vielerlei Gründen sehr schwierig sein kann, Kindern zu helfen.

Was brauchen Kinder? Erich Kästner, sein Leben und sein Werk geben dreierlei Antwort: Kinder brauchen Frieden, Schokolade und Geschichten. Man könnte auch sagen: sie brauchen Erziehung, Liebe und Kunst, oder: sie brauchen ein Zuhause, zu essen und zu lesen, und würde dasselbe damit meinen. Kästner hat sich für den Frieden engagiert, dafür, daß Kinder ein Zuhause haben, daß sie anständige und freie Menschen werden und bleiben können. Er hat ihnen Schokolade geschenkt, Apfelkuchen mit Schlagsahne, und Geld. Er hat für sie Geschichten geschrieben, gesammelt und erzählt, hat dafür gesorgt, daß andere ihnen Geschichten erzählen, und er hat sie ermuntert, selbst Geschichten zu erzählen, Bilder zu malen und anzusehen, ins Theater zu gehen und Theater zu spielen. Die eine Gabe konnte dabei unversehens zur anderen werden; der Status der Schokolade erweist sich als wandelbar: Geschichten sind geistige Nahrung, ohne physische Grundlage nutzlos, bei ausreichender Ernährung aber vielleicht so überflüssig wie Schokolade – und so notwendig zugleich. Den Kindern der Weimarer Republik, den Kindern der Bombennächte, des Wiederaufbaus, des Wirtschaftswunderlandes und noch der Ära Brandt hat Kästner je nach Erfordernissen, Möglichkeiten und eigenen Bedürfnissen ein bißchen Frieden, ein Stückchen Schokolade und viele, viele Geschichten geschenkt.

Es ist eine uralte Frage der Kunst, wie das Angenehme sich zum Nützlichen verhalte, das Geschichtenerzählen zum Kampf für den Frieden, der reine Poet zum engagierten Schriftsteller. Kästner, der engagierte Poet, ließ gegen Ende seiner Laufbahn als Kinderschriftsteller zwei Zirkusartisten einander dieselbe Frage stellen. Mäxchen, der ›Kleine Mann‹ aus dem gleichnamigen Roman (1963), erkundigt sich bei seinem Ziehvater, dem Zauberkünstler Jokus von Pokus: »›Was ist denn überhaupt – viel?‹ ›Einen Krieg verhindern‹, erwiderte der Jokus. ›Eine Hungersnot beseitigen. Eine Krankheit heilen, die für unheilbar gehalten wurde.‹ ›Das können wir beide nicht‹, sagte Mäxchen. Der Jokus nickte. ›Das können wir beide nicht. Schade. Mit unseren Künsten ist es nicht weit her. Wir können nur zweierlei. Wir bringen die Leute zum Staunen und zum Lachen. Wir haben keine Ursache, größenwahnsinnig zu werden. Trotzdem werden sich morgen die Zeitungen unsertwegen vor Begeisterung überkugeln.‹« *(W 8, 468)* Hier spricht ein Alter ego des Erich Kästner. Er, der zu Beginn seiner Karriere Medien und Werbung geschickt zu nutzen verstand und der nach dem zweiten Weltkrieg gleichsam zum Marktführer in der Kinderbranche wurde, mußte mit fortschreitenden Jahren beobachten, wie er selbst vermarktet wurde. Dessenungeachtet hat Kästner durch sein Leben und Werk vielen Kindern geholfen und seine eigene Kindheit gerettet. Sein Leben lang ist er engagiert und Dichter gewesen, auch und beides für die Jugend. Allenfalls zum Ende hin ist eine Verwandlung vom Kämpfer zum Geschichtenerzähler zu beobachten, doch eine Verwandlung des einen in den anderen ist kein Ersatz des einen durch den anderen. Zudem kann, wie Schokolade, das Angenehme bisweilen auch nützlich sein.

Schon während seiner journalistischen Anfänge in der Weimarer Zeit ergreift Kästner für Kinder und junge Leute Partei, bespricht Jugendausstellungen und -bücher, streitet im Namen der Jugend ebenso vehement gegen restaurative Schulpolitik wie im Namen der Freiheit der Kunst gegen das Gesetz zur Bewahrung der Jugend vor Schmutz und Schund. Nach dem Zusammenbruch des NS-Regimes geht Kästners ureigene Sorge um die Erziehung mit dem Bestreben der Amerikaner nach Reeducation in vielen Punkten konform. Die Jugend auf unterhaltsame und angenehme Weise zu demokratischem Selbstverständnis und internationaler Völkerverständigung zu erziehen, ist das Ziel einer von den Amerikanern gegründeten Zeitschrift »Für junge Leu-

Erich Kästner bei den Wiener Waisenkindern

Dazu Bild auf der letzten Seite unseres Blattes

Erich Kästner ist längst zum Lieblingsdichter der Wiener Kinder geworden. Als er vor wenigen Monaten in Wien weilte und hier im Konzerthaussaal las, da war der Saal von Jugend übervoll und die Kinder bereiteten ihrem Liebling stürmische Ovationen. Was sich aber gestern nachmittags im Festsaal des Waisenhauses der Stadt Wien auf der Hohen Warte abspielte, das übertraf noch jene reizenden Szenen im Konzerthaus.

Erich Kästner las über Einladung des Waisenhauses der Stadt Wien für die Waisenkinder aus seinen Werken. Die Kinder des nahen Blindeninstitutes kamen hiezu als Gäste und auf Wunsch des Dichters wurde auch eine Hauptschulklasse der Schule Grundsteingasse der Vorlesung zugezogen. Diese Klasse hatte nämlich beim letzten Besuche Kästners in Wien dem Dichter, mit dem sie in brieflichem Verkehr steht, zu sich eingeladen. Kästner hatte seinen Besuch versprochen, die Klasse war festlich dekoriert worden — und dann mußte der Dichter verreisen und fand keine Zeit mehr, seine kleinen Freunde zu besuchen. Die Jungens waren traurig und enttäuscht. Das tat Kästner leid. Er bat die Direktion des Waisenhauses, die Klasse zu seiner Vorlesung einzuladen, was auch geschah.

Erich Kästner las aus seinen Büchern, vor allem aus der Sammlung „Das verhexte Telephon" und aus dem Buche „Artur mit dem langen Arm". Die Kinder, die zum Großteil Kästners Werke bereits kannten, tobten Beifall, schon wenn er den Titel las. Aber auch die Erwachsenen waren aufmerksame Zuhörer und mußten oft recht herzlich lachen. Direktor Bock, der den Dichter namens des Waisenhauses begrüßte, hatte einen kleinen Kreis von Freunden des Hauses zu der Vorlesung eingeladen. So erschienen die Gattin des Bürgermeisters Seitz und Stadtrat Professor Tandler. Die Kinder hatten den Saal festlich geschmückt und die Schüler aus der Grundsteingasse vier Bilder hiezu geliefert. Nach Kästners mit tosendem Applaus aufgenommener Vorlesung hielt Stadtrat Prof. Tandler eine kurze herzliche Ansprache, in der er dem friedvollen Dichter im Namen der Menschheit dankte.

Der zweite Teil des Programmes begann mit dramatischen Darstellungen der Zöglinge aus „Emil und die Detektive". Die Kinder spielten überraschend gut und Kästner hatte seine helle Freude daran. Er verlas noch ein Stück aus „Pünktchen und Anton". Hierauf überreichten ihm die Zöglinge des Blindeninstitutes Hohe Warte das Buch „Emil und die Detektive", in Blindenschrift geschrieben. Ein blindes Mädchen las aus diesem Buche vor, wobei seine zarten Finger tastend über die Seiten glitten. Kästner dankte sichtlich gerührt. Er blieb bis zum Abend bei den Kindern, die ihn umdrängten, um Autogramme baten, mit ihm ungezwungen plauderten. Es war ein Abend voll froher, herzlicher Stimmung, der allen, die daran teilgenommen haben, in schöner Erinnerung bleiben wird. Th.

 ›Wiener Mittags-Zeitung‹, 10. Februar 1933

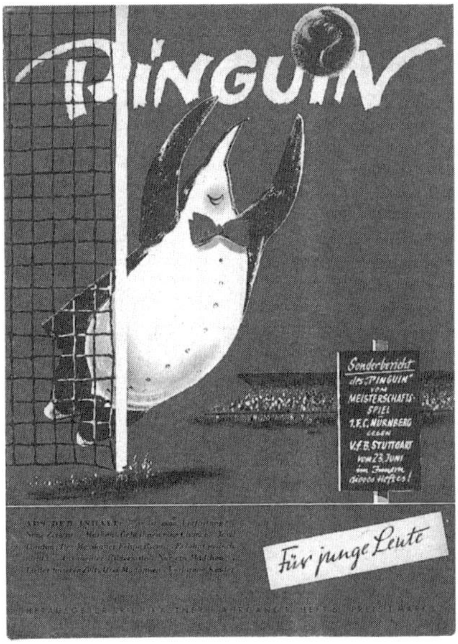

49/50 Die Hefte 6 und 7 des ersten Jahrgangs 1946

te«. Von Januar 1946 an fungiert Kästner gut drei Jahre lang als Herausgeber des ›Pinguin‹. Die monatlich erscheinende Zeitschrift enthält sowohl Rätsel und Witze, Geschichten und Gedichte, Kulturberichte und Erläuterungen zu Baseball, Rugby und Basketball als auch Leserumfragen zu aktuellen politischen und gesellschaftlichen Problemen, ›Dokumente der Demokratie‹ und eine Serie mit ›Guten Taten‹. Die Titelblätter der einzelnen Nummern ergeben eine kleine Chronik der Nachkriegszeit: Wahlrechts- und Schuldebatten, kalte Winter, Wohnungsnot, Kriegsheimkehrer, Währungsreform und UNO-Konferenzen werden vom Pinguin ebenso wirksam und humorvoll präsentiert wie das Meisterschaftsspiel Nürnberg gegen Stuttgart, die Wiederaufführung von ›Emil und die Detektive‹ oder die internationale Kinderbuchausstellung von Jella Lepman in Berlin.

Die neben der aufklärerischen Aufbauarbeit wahrscheinlich beste Tat des ›Pinguin‹ war die Aktion ›Verlorene Kinder‹: Von der zweiten Nummer im Februar 1946 an werden in Bildberichten Kinder vorgestellt, die während des Krieges und auf der Flucht von ihren Eltern getrennt wurden. Ein halbes Jahr später überreicht der Pinguin bereits einen Blumenstrauß und vermeldet erste Erfolge. Insgesamt kann er von 660 Kindern 170 wieder mit ihren Eltern zusammenführen oder an Adoptiveltern vermitteln. Die Idee des ›Pinguin‹-Bildreporters Hilmar Pabel, Photographien und nicht nur Namen und Daten zur Identifizierung Vermißter zu verwenden, wurde zudem der Ausgangspunkt für die vom Deutschen Roten Kreuz daraufhin systematisch angelegten Vermißtenbildlisten. Bis Ende 1951 können so rund 70.000 Fälle durch den Kindersuchdienst geklärt werden. 1959 sind jedoch noch immer 25.000 Anträge zu Kindern der Jahrgänge 1940–45 unerledigt.

Warum aber führt ausgerechnet ein Pinguin in Frack und Zylinder die Leser durch die ersten, kargen Nachkriegsjahre? Der Vogel, anfangs gezeichnet von Leo von Malachowsky, später meist von Kirbach und gelegentlich von Rudolf Griffel, stellt sich auf dem Titelblatt der ersten Nummer so vor: »Pinguin ist mein Name! Ich rede, wie mir der Schnabel gewachsen ist. Ich lache, wie es mir gefällt.« Das entspricht, mit Verlaub gesagt, nicht gerade der landläufigen Vorstellung von Pinguinen und erinnert, wenn überhaupt an ein Schnabeltier, dann allenfalls an einen Papagei. Nun ist der Pinguin aber kein derart geläufiges Fabeltier, daß man ihm nicht doch auf die Spur käme. Zu Anfang unseres Jahrhunderts veröffentlichte der französische Romancier und Skeptiker Anatole France ›Die Insel der Pinguine‹, eine – wie es der Tierfabel ziemt – in ein freundliches Gewand gehüllte bittere Menschheitssatire. Heinrich Mann sagte über den Roman: »Den Menschen nachweisen, daß Geistesschwäche und Bosheit ihre Wurzeln sind, ihre ganze Geschichte aber etwa das Treiben hirnloser Vögel (...): wen erbaut das? Ein Volk will doch geschmeichelt sein?« *(H. Mann: Essays. Hamburg: Claassen Verlag 1960, S. 132f.)* Selbstverständlich will es das. Verkleidet jedoch gelingt dem Pinguin das Kunststück, seine Wahrheit unters Volk zu bringen. Wie ein Zauberkünstler oder Zirkusdirektor mit Frack, Weste und Zylinder angetan, hält er seinen Nachkriegszeitgenossen einen Spiegel vor.

Auch später ist Kästner mit Leib und Seele, seiner Stimme und seiner Schreibmaschine immer wieder dabei, wenn es darum geht, an der Seite junger Leute und für junge Leute gegen Dummheit und Bosheit oder das anzugehen, was er dafür hält. Als Präsident des westdeutschen PEN-Zentrums streitet er, wie schon 1927, gegen eine Wiederauflage des sogenannten Schmutz- und Schundgesetzes und wird dazu 1950 als Vertreter der Autoren vor dem Bundestagsausschuß für Fragen der Jugendfürsorge angehört. 1952 protestiert er in einem offenen Brief an die Freiburger Studentenzeitung gegen die Rückkehr des Nazi-Filmregisseurs Veit Harlan in deutsche Kinos, 1958 nimmt er persönlich an den Mahnwachen der Münchner Studenten gegen die Atomrüstung teil, 1965 reagiert er bei einem Besuch in Düsseldorf sofort und scharf auf eine dort kurz zuvor erfolgte Bücherverbrennung, mit behördlicher Genehmigung durchgeführt von Mitgliedern des ›Evangelischen Jugendbundes für entschiedenes Christentum‹.

Mehr noch als auf die jungen Leute aber hat Kästner auf die ganz jungen, auf die Kinder gesetzt, und noch konsequenter als die Erziehung durch Appelle zieht sich durch seine Biographie der Versuch einer Erziehung durch die Musen. Noch in den dreißiger Jahren gibt er Kinder-Lesungen für die Arbeiterwohlfahrt und in Waisenhäusern. Nach dem Krieg setzt er sich dafür ein, daß die im Rotationsdruck und daher preiswert erzeugten Bücher auch für Kinder hergestellt werden. 1951 übersetzt er das Lieblingstheaterstück englischer Kinder ins Deutsche, James M. Barries ›Peter Pan oder das Märchen vom Jungen, der nicht groß werden wollte‹. Sein Fernsehauftritt 1956 anläßlich der Jugendbuchwoche gehört zu einer der ersten Kinderfunksendungen überhaupt. 1957 nimmt er für den RIAS-Schulfunk an der Sommerferienreihe ›Prominente sprechen mit der Schuljugend‹ teil, 1959 ist er Jurymitglied im Bundesentscheid des ersten deutschen Vorlesewettbewerbs, 1967 kratzt er sich in Frankfurt vor einer Flut von Kinderbildern den Kopf, und 1971 spricht er in der Münchner Stuck-Villa zur Vernissage der Ausstellung ›Illustrierte Kinderbücher aus drei Jahrhunderten‹.

Ein Gebiet, auf dem sich Kästners Bemühungen um musische Erziehung besonders gut verfolgen lassen, sind die von ihm so sehr geliebten Vorworte. In ihnen ist die Vielfalt, die Kontinuität und der Wandel seines Interesses für Kinder, seines ›Dabeiseins‹ im wörtlichen Sinne, ebenso nachzuvollziehen wie sein Weg zurück zur eigenen Kindheit.

In der sowjetischen Besatzungszone erscheint 1947 ein Buch von Erich Will-Halle mit einem Vorwort von Erich Kästner: ›Du und ich im Neuaufbau‹. »Endlich ein ausgezeichnetes positives Kinderbuch mit 13 wirkungsvollen vielfarbigen Bildern, das dem kindlichen Betrachter einen leichtbegreiflichen Zugang zum Zeitgeschehen schafft. (…)

51 Was (Schul-)Kinder brauchen…

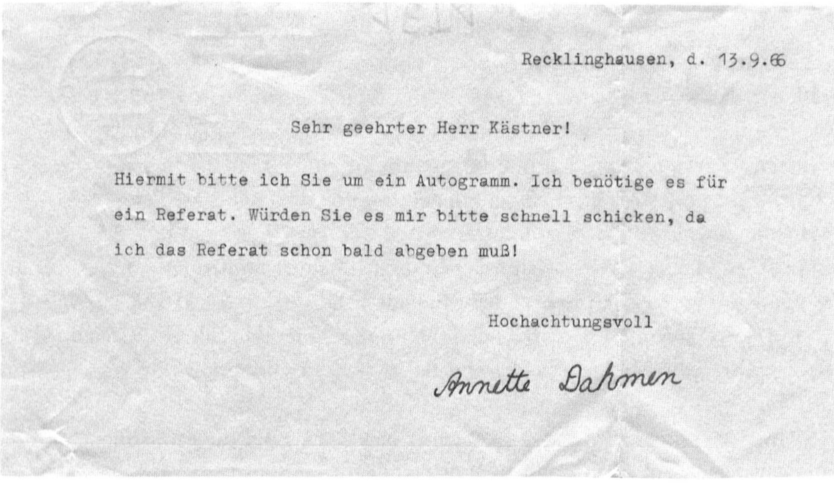
Recklinghausen, d. 13.9.66

Sehr geehrter Herr Kästner!

Hiermit bitte ich Sie um ein Autogramm. Ich benötige es für ein Referat. Würden Sie es mir bitte schnell schicken, da ich das Referat schon bald abgeben muß!

Hochachtungsvoll

Annette Dahmen

52/53 Nach einer Lesung in Wien, 1954 (Photos: Wilhelm Herzog, Wien; EKA)

Wenn nur auch die Verleger in unserer Zone solchen Mut hätten am Aufbau der neuen Demokratie mitzuarbeiten!« begeistert sich ein Rezensent der Offenburger Zeitung ›Der neue Tag‹ *(11. Juli 1947)*. Mehr literarisch orientierte Aufbauarbeit leistet die Studie des französischen Literaturwissenschaftlers Paul Hazard: ›Kinder, Bücher und große Leute‹, 1932 in Frankreich erschienen, 1952 ins Deutsche übersetzt und mit einem Vorwort von Erich Kästner herausgebracht. Peter Pan und Gulliver, schon auf dem Umschlag zu erkennen, sind nur zwei aus einer ganzen Reihe weiterer großer kleiner Helden, die sowohl in Hazards Buch wie in Kästners Kinderwelt zuhause sind.

Ebenfalls 1952 schreibt Kästner für ein wissenschaftlich, psychologisch und künstlerisch bemerkenswertes Unternehmen der Internationalen Jugendbibliothek, für das er auch gutachtend tätig war, einige einleitende Sätze. Unter dem Titel ›Ich selbst myself moi-même‹ werden die Ergebnisse einer Sammlung von nicht weniger als 4000 Kinderselbstporträts aus 30 verschiedenen Ländern vorgestellt. Angesichts der multinationalen Kinderkunst spricht Kästner von »einem musischen Esperanto, das der Verständigung dient«, und warnt vor der »Verzwergung und Verödung der Fantasie«, kurz: Er wirbt für Frieden und Geschichten.

Kinderbilder anderer Art versammelt der Photograph Paul Junker in seinem Band ›Kindertage / Kinderseelen‹. Kinderbilder hatten in der Suchaktion des ›Pinguin‹ dem Erkennen und in der Porträtsammlung der Internationalen Jugendbibliothek der Erkenntnis gedient, hier dienen sie der Selbsterkenntnis des Kindheitsforschers. ›Beim Betrachten von Kinderfotos‹ – so ist das Vorwort überschrieben – wird Kästner an ein eigenes Erlebnis erinnert. Mit drei Jahren wurde er zum ersten Mal photographiert; es dürfte sich damit um eine seiner frühesten Erinnerungen überhaupt handeln. Geblieben ist dem Erwachsenen vor allem ein Gefühl äußersten Unbehagens sowie die Überzeugung, daß das Porträt über den Charakter des Porträtierten nichts, aber auch gar nichts aussage.

Nicht um Bilder, sondern um Gedichte geht es im ›Wohltemperierten Leierkasten‹ von James Krüss. Und nicht im Vor-, sondern diesmal im Nachwort erweist der arrivierte Kinderbuchautor dem um eine Generation jüngeren Kollegen, der mehrere Kästner-Bücher für den Hörfunk und die Bühne bearbeitet und in seinem eigenen Werk Kästners geistige Nachfolge angetreten hat, seine Hommage.

Im selben Jahr erscheint die deutsche Übersetzung der ›Sternkinder‹ der holländischen Jüdin Clara Asscher-Pinkhof. Das Buch, 1962 mit dem Deutschen Jugendbuchpreis ausgezeichnet, gehört zu denen, welche die Hinwendung der in Deutschland erscheinenden Jugendliteratur zur nationalsozialistischen Vergangenheit vollziehen. In seinem Theaterstück ›Die Schule der Diktatoren‹ sowie in zahllosen Reden und Artikeln für alte und jüngere Erwachsene hat Kästner diese Rückwendung eingefordert und betrieben, in seinen Kinderbüchern allerdings hat er sie nicht mehr mitgemacht.

Vom Ende der fünfziger Jahre an verlegt sich Kästner zunehmend auf das Sammeln von Geschichten. Eine der letzten dieser Unternehmungen ist Kindern gewidmet. ›Die lustige Geschichtenkiste gefüllt von Erich Kästner‹ beginnt, wie könnte es anders sein, mit einem Vorwort von Erich Kästner. Nur lustig allerdings geht es auch dort nicht zu; noch immer nämlich ist der Vorwort-Verfasser nicht zu müde, um fast ohne jede Ironie auf den harten Kontrast zwischen Gartenidylle und politischem Weltuntergang hinzuweisen, den er von seinem geliebten Fensterplatz aus wahrnimmt.

Eine weitere Sammlung verlangt ihm noch nicht einmal mehr ein Vorwort ab, sondern begnügt sich mit seinem guten Namen. Der Insel-Verlag veranstaltet einen Malwettbewerb: ›Zwölf schöne Gedichte zum Malen für Kinder. Ausgewählt von Erich Kästner‹. Es locken »12 Hauptpreise im Wert von ungefähr je DM 150,–« und »noch viele kleinere Preise – Kinderbücher und Pelikan-Malkästen«. Wen wundert's da, wenn Pelikan auf der letzten Seite der Broschüre gleich ein wenig Werbung für seine Malstifte macht? 1972 erscheint das Ergebnis dieses Wettstreits zwischen Kommerz und Kreativität: ›Es war einmal ein Rabe. Gedichte ausgesucht von Erich Kästner mit Bildern gemalt von Kindern‹.

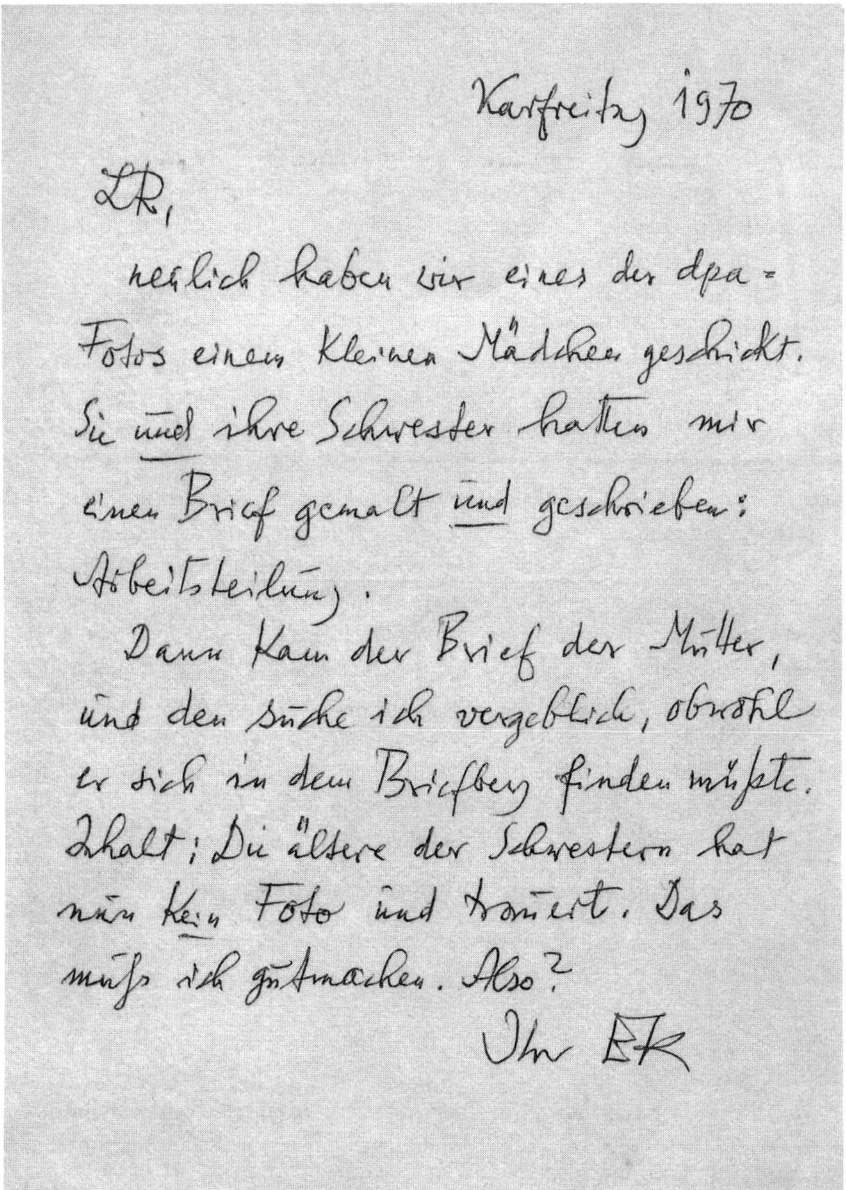

Karfreitag 1970

LR,

neulich haben wir eines der dpa-Fotos einem kleinen Mädchen geschickt. Sie und ihre Schwester hatten mir einen Brief gemalt und geschrieben: Arbeitsteilung.

Dann kam der Brief der Mutter, und den suche ich vergeblich, obwohl er sich in dem Briefberg finden müßte. Inhalt: Die ältere der Schwestern hat nun kein Foto und trauert. Das muß ich gutmachen. Also?

Ihr EK

54 Kästner an seine Sekretärin Liselotte Rosenow (EKA)

Vater und Sohn I: Der kleine Junge

1957 ist ein ereignisreiches Jahr für Kästner. Im Februar wird ›Die Schule der Diktatoren‹, seine erste ernstgemeinte Komödie, uraufgeführt. Im Oktober erhält er mit dem Georg-Büchner-Preis den angesehensten deutschen Literaturpreis, im November kommen seine Kindheitserinnerungen unter dem Titel ›Als ich ein kleiner Junge war‹ heraus, am 15. Dezember wird ihm ein Sohn geboren und am letzten Tag des Jahres ein Vater genommen.

Ein Vater – denn womöglich besaß Erich Kästner deren zwei: Emil Kästner, der, wie bewiesen ist, mit Ida Kästner verheiratet war, und Dr. Emil Zimmermann, der, wie vermutet wird, mit Ida Kästner einen Sohn hatte. Emil Kästner war Sattler und lebte mit seiner Familie bis zum Weggang des Sohnes, mit seiner Frau bis zu deren Tod im Jahr 1951, schließlich von einer Bekannten bis an sein Lebensende versorgt, in Dresden. Emil Zimmermann war Arzt, ein Zeit lang Hausarzt der Familie Kästner, und ist als Jude 1938 mit seiner Familie nach Brasilien ausgewandert, wo er 1953 starb. Daß Erich angeblich ein uneheliches Kind sei, wird zum ersten Mal 1982 in Werner Schneyders Kästner-Porträt öffentlich behauptet. Helga Bemmann referiert dies in ihrer ein Jahr darauf erscheinenden Lebensbeschreibung mit Vorbehalt und im Konjunktiv. Die jüngeren Auflagen der Kästner-Biographie von Luiselotte Enderle werden um eine Notiz ergänzt, worin von einem bis dahin durch die Eingeweihten respektierten »Familiengeheimnis« die Rede ist. Franz Josef Görtz und Hans Sarkowicz produzieren 1998 nach eingehenden Recherchen biographische Daten und zwei Photographien von Zimmermann. Sven Hanuschek gibt 1999 zu Bedenken, es könne sich beim zweiten Vater unter Umständen lediglich um eine von der Mutter aufgebrachte und vom Sohn ihr zuliebe aufrechterhaltene (oder zumindest nicht zerstörte) Fiktion handeln. Aus dem »Familiengeheimnis« der Kästners wird somit geradezu ein Freudscher »Familienroman«. Doch was soll uns dies? Dem Sohn war es sicher nicht gleichgültig, wessen Kind er war. Entscheidend ist hier jedoch, da keine Biographie geschrieben wird, wie sich das ›große Geheimnis‹ in Kästners Darstellung der beiden oder auch der drei Eltern niederschlägt.

Von all diesen ganz besonderen Umständen abgesehen, besteht das Problem und auch der Reiz jedes Versuches, seine Erinnerungen aufzuschreiben, in der Erinnerung selbst. Unmittelbar im Anschluß an eine erneute Evokation seines ersten Besuches im Photoatelier stellt der Selbstbiograph in ›Als ich ein kleiner Junge war‹ folgende Überlegungen an: »Gedächtnis und Erinnerung sind geheimnisvolle Kräfte. Und die Erinnerung ist die geheimnisvollere und rätselhaftere von beiden. Denn das Gedächtnis hat

55 Emil Kästner und Maria Hurtig auf dem Dresdner Balkon

nur mit unserem Kopfe zu schaffen. (…) Die Erinnerungen liegen nicht in Fächern, nicht in Möbeln und nicht im Kopf. Sie wohnen mitten in uns. (…) Sie leben, und sie sterben, und sie und wir wissen dafür keine Gründe.« *(W 7, 51)* Nun, ein paar Gründe wüßten wir schon, aber wir wollen den großen Erzähler nicht kleinlich schulmeistern. Was das Gedächtnis, also Namen, Zahlen, Daten anbelangt, hat sich der Sohn geholfen und helfen lassen, unter anderem vom Gedächtnis seines Vaters. Im Herbst 1956 stattet der gleich neunzigjährige Herr seinem Sohn den ersten und einzigen Besuch in München ab. Die Presse wundert sich, daß es überhaupt einen Vater gibt, photographiert zwei miteinander lachende Männer und weiß zu berichten, der Ältere sei gekommen, um dem Jüngeren bei der Herstellung von dessen Memoiren zu helfen. *(Morgen, 1956, Nr. 238, 12. Oktober, S. 18)* Das war sicher nicht der Grund für den Besuch, doch werden die beiden während der gemeinsamen Zeit viel über die Vergangenheit gesprochen haben.

Einige konkrete Fragen wurden dann brieflich geklärt. Der Sohn hat nämlich nicht nur seiner Mutter geschrieben. Neben und vor allem nach den berühmt-berüchtigten Briefen und Postkarten an das ›liebe Muttchen‹, die der Sohn fast täglich nach Hause schickte, entwickelte sich ein – kleinerer, das ist wahr – Briefwechsel auch mit dem Vater. »Mein lieber guter Erich!« »Mein lieber, guter Papa« – so geht es hin und her. »Mill Gr u K Dein oller Junge« zeichnet zumeist der Junge, Grüße »von Deinem Vater und Muttchen«, nach der Mutter Tod nur noch »von Deinem Vater«, in den letzten drei Jahren sogar »von Deinem dankbaren Papa« sendet der Alte. Die Rede ist vom Wetter, von den Katzen, vom Münchner Garten und vom Dresdner Balkon, von den diversen Krankheiten und Erkältungen in beiden Haushalten; der Vater erkundigt sich immer wieder nach dem »großen Schaffen« des Sohnes, der Sohn berichtet von seiner Arbeit, von Besprechungen, Vorträgen, Filmaufnahmen und Theateraufführungen. Wiederkehrendes Motiv sind die regelmäßig zwischen West- und Ostdeutschland verschickten Lebensmittelpakete: Nahrungsmittel und Zigarren hin, leere Behälter und neue Wünsche her. Mit der Mutter war Erich durch ein ›Wäscheband‹ verbunden: die bis fast zum Schluß zwischen München und Dresden hin- und hergeschickte schmutzige und saubere Wäsche. Das ›Lebensmittelband‹ zum Vater war womöglich lockerer und haltbarer zugleich: Zum einen ist es wirklich notwendig, zum anderen ist der Vater, wie die Briefe zeigen, wirklich dankbar dafür gewesen.

Diesen Vater also zieht Kästner Ende 1956 zu Rate, als ihn für seine Kindheitserinnerungen das Gedächtnis im Stich läßt. Am 19. Januar des neuen Jahres erkundigt sich Emil Kästner: »Nun mein Lieber Erich, ich frage immer nochmal bei Dir an, ob Du diesen Brief, den ich vor dem Weihnachtsfeste nach St. Moritz gesand habe. In diesen Brief hatte ich Dir einiges über uns mitgeteilt.« Der Sohn antwortet am 23. Januar 1957: »Deinen Brief nach St. Moritz bekam ich freilich, und Deine Notizen haben mir für mein Buch gute Dienste getan. Was ich noch gerne wüßte, ist: was für berittene Regimenter in Borna, Grimma, Oschatz usw lagen. Du weißt das sicher noch, ja? Gab es nicht auch irgendwo Reitende Jäger? Mir ist wie so. (…) Weißt Du zufällig noch, in welchem Jahr der Streik war, wo die berittene Polizei die Königsbrücker Straße langkam und die Straßenlaternen mit Steinen beworfen wurden? 1905 oder 1906 oder später?« Leider sind weder die Antworten hierauf noch der Brief nach St. Moritz überliefert.

Liest man das fertige Buch über die Zeit, als Erich ein kleiner Junge war, ein wiederholtes Mal, lernt man so manches über die Erinnerung, nicht zuletzt über die eigene. Es ist erstaunlich, wie häufig neben der nur scheinbar allgegenwärtigen Mutter auch vom Vater die Rede ist – obwohl man das ganz anders in Erinnerung hatte. So ist beispielsweise die erste Erinnerung an die Heimatstadt Dresden ein Ausflug des kleinen Jungen mit seinem Vater. Der gemeinsame Spaziergang von Vater und Sohn ist ein zauberhaftes kleines Stimmungsbild und nicht weniger als die verschlüsselte Beschreibung einer dichterischen Initiation. *(W 7, 38)* Lächelnd, vor allem geduldig lächelnd, erscheint der Vater wieder und wieder in der Erinnerung des Sohnes. Er sei ein »Meister im Lächeln« *(82)* gewesen, heißt es sogar. Und noch eine andere Meisterschaft wird ihm

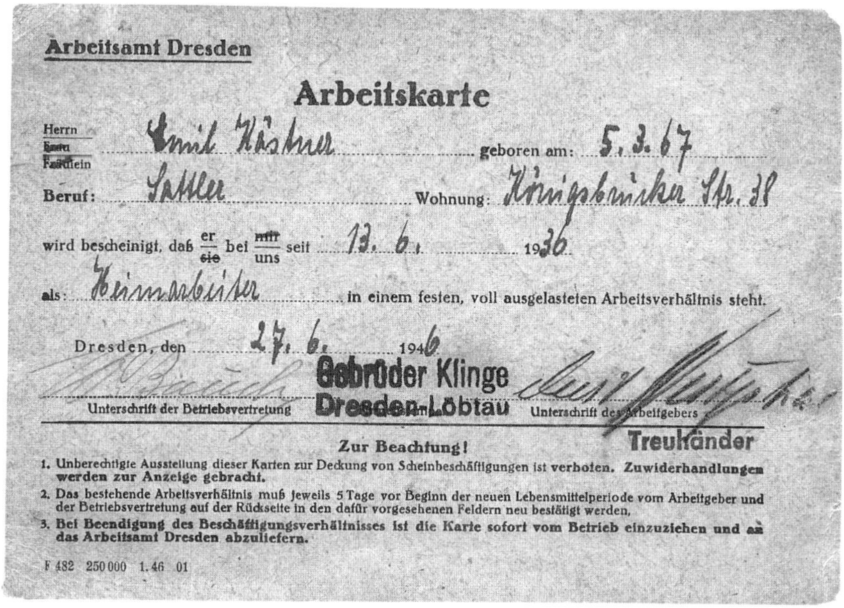

Arbeitsamt Dresden

Arbeitskarte

Herrn / ~~Frau~~ / ~~Fräulein~~ Emil Kästner geboren am: 5. 3. 67

Beruf: Sattler Wohnung: Königsbrücker Str. 38

wird bescheinigt, daß er/~~sie~~ bei ~~mir~~/uns seit 13. 6. 1936

als: Heimarbeiter in einem festen, voll ausgelasteten Arbeitsverhältnis steht.

Dresden, den 27. 6. 1946

Unterschrift der Betriebsvertretung — Gebrüder Klinge Dresden-Löbtau Treuhänder — Unterschrift des Arbeitgebers

Zur Beachtung!

1. Unberechtigte Ausstellung dieser Karten zur Deckung von Scheinbeschäftigungen ist verboten. **Zuwiderhandlungen werden zur Anzeige gebracht.**
2. Das bestehende Arbeitsverhältnis muß jeweils 5 Tage vor Beginn der neuen Lebensmittelperiode vom Arbeitgeber und der Betriebsvertretung auf der Rückseite in den dafür vorgesehenen Feldern neu bestätigt werden.
3. **Bei Beendigung des Beschäftigungsverhältnisses ist die Karte sofort vom Betrieb einzuziehen und an das Arbeitsamt Dresden abzuliefern.**

F 482 250 000 1. 46 01

56 Arbeitskarte des Vaters (EKA)

bescheinigt: die handwerkliche. Im Buch ist mehrfach die Rede davon, daß der Vater – wohlbemerkt im Gegensatz zur Mutter – zwar ein schlechter Geschäftsmann, aber ein ausgezeichneter Handwerker, ja ein Künstler gewesen sei. Gleich im ersten Kapitel vermutet der Künstler und Schriftsteller Kästner, die handwerkliche Sorgfalt, mit der er seinem Beruf nachgehe, sei wahrscheinlich aus der väterlichen Linie auf ihn übergegangen *(16)* – wenn das Wort von der ›geistigen Vaterschaft‹ irgend einen Sinn haben soll, dann doch wohl hier.

Sollte sich auch der sogenannte leibliche Vater in den Erinnerungen verbergen? Im vorletzten Kapitel – Ida und Erich befinden sich gerade am Ende einer ihrer gemeinsamen Wanderurlaube – erscheint »ein Herr (...), der noch lebte«, sich als Amerikaner ausgibt, die Mutter heiraten und den Sohn auch gleich mitnehmen möchte. »Daß wir einen Ehemann und Vater bereits besäßen, focht ihn nicht an.« Mutter und Sohn reagieren zunächst mit Gelächter und ergreifen dann gemeinsam die Flucht. »Er verlor uns aus den Augen, und so konnten wir uns gerade noch retten und dem Deutschen Reich erhalten.« Die beiden kehren heim in die Wohnung, die der Vater, wie immer vor ihrer Rückkehr »aus der Wildnis«, blitzblank geputzt hat. »Es war jedesmal dasselbe. Wir traten in den Korridor und fühlten uns plötzlich noch viel staubiger und dreckiger, als wir schon waren.« *(136f.)* Der Autor erklärt einige Seiten später, auf Tiefseelentaucherei und hintersinnige Deutungen nicht viel zu geben, doch »ein Fünkchen Wahrheit« möge immer darin enthalten sein *(142)*.

Das Nachwort macht schließlich alles zuvor Gesagte unmißverständlich undeutlich: Im Laufe eines sibyllinischen Gesprächs mit seinen Katzen erhält der Erzähler von ihnen – von den drei erwachsenen zumindest – den Rat, den von ihm ursprünglich vorgesehenen Abschnitt über das Weiß-Waschen von Wäsche fortzulassen. Er zögert. »Denn mein Herz hängt an all den Zeremonien, die schmutzige Wäsche in frische, glatte, duftende Stücke zurückverwandeln. Wie oft hatte ich meiner Mutter bei fast jedem Handgriff geholfen!« *(156)* Die Katzen aber sind unerbittlich; selbst der Einwand des Autobiographen, zwischen wirklicher und geschriebener Wäsche bestünde ein Unterschied, kann sie nicht umstimmen. Ja, wenn er dagegen ein paar Mäuse in der Erzählung untergebracht hätte… Doch nun weigert sich der Autor: »Denn fürs Aufschreiben von Erinnerungen gelten zwei Gesetze. Das erste heißt: Man kann, ja man muß vieles weglassen. Und das zweite lautet: Man darf nichts hinzufügen, nicht einmal eine Maus.« *(152)* Es ist möglich, daß Kästner hier auf nichts oder niemanden im besonderen anspielt. Es kann sein, daß er lediglich das große Problem jeder Autobiographie anspricht: das der Aufrichtigkeit. Doch gibt er zu verstehen, daß er mühelos die eine oder andere weiße Maus aus dem Zylinder hervorzaubern könnte, wenn er nur wollte…

Keine Maus, sondern ein Versuchskaninchen läßt der Erinnerungskünstler los, als es darum geht, die mögliche Leserschaft seiner Selbstbiographie zu ermitteln. Durch einen Vorabdruck in der Frauenzeitschrift ›Constanze‹ möchte er herausfinden, ob seine Erinnerungen außer Kindern auch jugendliche Leser und Erwachsene interessieren. Daher bittet er die Redaktion der Zeitschrift, ihm die Leserbriefe zuzusenden, um daraus etwas für den Vertrieb des Buches zu lernen. Er konnte nicht ahnen, was er darüber hinaus alles lernen sollte. Schon bevor das Buch als Buch erscheint, erhält er zahllose Zuschriften aus ganz Deutschland und von weiter her, ausnahmslos von erwachsenen Leserinnen und Lesern, deren Erinnerungen ebenfalls wachgerufen wurden. Am 8. November 1957 schreibt der Sohn dem Vater:

Mein lieber, guter Papa,

Hab vielen Dank für den Brief vom 5. November, worin Du das große und kleine Paket bestätigst. Schickt doch bald die Büchsen, die Zellophanbeutel und die Flasche für den Wermuth zurück, damit wir alles wieder hübsch gefüllt zu Euch schicken, ja? Was braucht Ihr ganz besonders, damit wir's nicht vergessen? Gleich schreiben, gelt?

Der Abdruck in der Constanze zieht immer weitere Kreise. Jeden Tag kommen Briefe. Vorgestern sogar aus New York, von einem Ringer Paul Berger, der mit Manfred befreundet ist und die Zeitschrift drüben gekauft hat. Gestern schickte jemand aus Frankfurt Ansichts-

karten von Penig, die ich Dir beilege und die Du behalten kannst. Dann fragt eine Frau Kraus aus Hannover, ob wir mit ihr verwandt sind. Das lege ich auch bei. Und heute schrieb mir der riesenlange Sohn vom Bäckermeister Kuntzsch aus der Hauptstraße. Er lebt in Dresden als Gesangspädagoge. So geht das in einem fort, und wenn ich das alles lang und breit beantworten wollte, würde ich gar nicht fertig. Das Buch ist nun auch heraus. Anfang der Woche schick ich Dir ein Exemplar. Da kannst Du's dann im ganzen lesen. Ich denke, es wird Dir schon gefallen, obwohl es manchmal ein bißchen traurig zugeht. Aber das Leben ist ja nicht nur eitel Honiglecken, auch für Kinder nicht, das wissen wir ja.

Daß der nette Arzt auch weiterhin vorbeikommen will und wird, freut auch mich sehr. Wollte er wieder etwas Blut entnehmen, oder war es nicht nötig? – Ich lege Dir noch zwei Zeitungsfotos von der Preisübergabe in Darmstadt bei. Der Minister Hennig, rechts auf den Bildern, ist auch in Dresden aufgewachsen. Wir haben aus Spaß miteinander mächtig gesächselt. Den Geldpreis hab ich an fünf Kollegen verteilen lassen. Ich kann zwar Geld auch immer brauchen, aber den anderen geht es viel, viel schlechter, und da war das schon die richtige Lösung. – Eben kommt mit der Nachmittagspost ein Brief aus Döbeln, von der Frau von Onkel Roberts flottem Sohn Paul! Jetzt sei er grundsolide, schreibt sie. Na, ich leg den Brief auch noch bei, damit Du ihn liest. Du schickst ihn gelegentlich wieder, damit ich ihr ein paar Zeilen antworte. Tante Emmas Söhne Oswin und Oswald, an die erinnere ich mich auch noch, vor allem an Oswalds »Wenn Kalkulators in die Baumblut ziehn!«

Mill Gr u K *von Deinem ollen Jungen*

Lottchen grüßt herzlichst.
Viele Gr für die hurtige Frau Hurtig!

Der Vater antwortet vier Tage später:

Mein lieber guter Erich!

Deinen lieben Brief vom 8.11.57. habe ich erhalten. Vielen herzlichen Dank dafür mein Lieber. Es muß doch für dich durch diese vielen Briefe die Du erhälst interisant und auch sehr belästigt sein. Ja wenn Du da Allen antworten wolltest könntest Du nichts Anderes machen.

Die Büchsen und Beutel haben wir nun zurükgesand. Da nun das liebe Weihnachtfest bevorsteht, und die kleine hurtige Hurtig wieder den bekannten Dresdner Christstollen baken will, könnten wir Fettigkeiten, Manteln süß, bitter, Zitronat, Rosinen gebrauchen.

Der amerikanische Ringer, der mit Manfred befreundet ist werte ich mit Manfret darüber sprechen. Von den Bäkermstr. Kuntsch von der Hauptstr Sohn kann ich mich noch er-

innern. Ihr kamt zu gleicher Zeit in die Bürgerschule. Frau Kuntsch hatte Ihr Söhnchen als erster der Klasse auf die Bank gesetzt? Und nun ging der Krieg sozusagen los.

Das das Kinderbuch nun fertig ist und demnächst erscheint und ich auch von den ersten eins bekomme freut mich außerordenlich. Deine Bücher die bis heute erschienen haben immer mir Freude bereitet, warum soll das nun bei diesen nicht auch der Fall sein. Das ist nun nicht anders. Kinderjahre, da giebt es fröhliche und traurige Stunden. Ja mein lieber Dr. will mich besuchen, vom Blutabzug wollte er nochmal Abstand nehmen. Wir hatten Beide einen tüchtigen Schnupfen, und vergang[n]e Nacht hatte ich ein schönes Nasenbluten. Den Schnupfen hatten wir durch Anstekung, nicht durch Erkältung von einer Frau

Und nun zu den Büchnerpreiß meinen besten Glükwunsch Da hast Du nun einen Geldpreiß erhalten, und auch nicht.

Wer wird sich nur noch bei Dir melden.

Von der Frau des flotten Roberts Paul, der hat auch gedacht viel wird nicht Alle, da hat er sich aber getäuscht. Von seinen beiden Schwestern lebt auch nur noch die Jüngere, die ältere war die Dora, welche den Zahnarzt heiratete, ist nun auch schon viele Jahre nicht mehr.

Tante Emmas Familie lebt auch nur noch der Oswald, Martha die wohnt hier in Trachau und ein Sohn in Greiz, weiß ich den Namen nicht.

Und nun zuletzt den Hanoverschen Brief.

Mein Vater stammt aus einer Bauerfamilie: drei Söhne: Gotthold der älteste betreibt Landwirtschaft. der hat einen Sohn welcher eine Cartonaschenfabrik betrieb. Der zweite David, welcher das Schmiedehandwerk betrieb

? Söhne in Amerika.

Und nun [der] dritte das ist mein Vater, ist Tischlermstr. und hat von 1858 eine Tisch[l]erei in Penig Leipzigerstr.

Wir sind vier Söhne und vier Schwestern gewesen.

Von den Brüdern und Familien sind wir Beide Emil u. Paul die einzigen die noch leben.

Mit den anderen Kästners Familien sind wir nicht verwand. Ja in Penig giebt es zwei Familien Schuhmacher und auch zwei F. Schneider. So nun will [ich] schließen

Viele herzliche gute Wünsche u. schöne Grüße
von deinen dankbaren Papa

Herzliche Grüße an Lottchen

Frau Hurtig grüst auch h.

An Silvester 1957 stirbt Emil Kästner. Er nimmt mit seinem Gedächtnis auch seine Erinnerungen und einen Teil von Erichs Kindheit mit ins Grab. Dafür tritt diesem die Vergangenheit, seine Vergangenheit, nun hundertfach gespiegelt aus den Briefen entgegen, die er von ›Constanze‹-Lesern, dann nach Erscheinen des Buches und schließlich aufgrund eines Serienabdrucks der Autobiographie im ›Sächsischen Tagblatt‹ erhält: »Lieber Herr Kästner« oder »Sehr verehrter Herr Doktor«, sechzehn Seiten oder ein einzelnes Blatt, getippt oder von Hand, in deutscher oder lateinischer Schrift. Man schildert eigene, ähnliche, andere Erinnerungen, schickt Photographien, alte von früher, neue von heute, und ein Konditor, dem Kästners Lob auf die ›Dresdner Eierschecke‹ das Herz höher schlagen ließ, schickt auch diese. Die Zerstörung Dresdens in der Nacht zum 13. Februar 1945, die gefallenen Verwandten und Freunde werden für einige zum Anlaß, sich nicht nur über sich, sondern auch gegen den Krieg auszusprechen. Solche Überlegungen sind aber die Ausnahme. Lieber schwelgt man in Erinnerungen, den Blick fest auf die – man muß es fast glauben – gute, da alte Zeit gerichtet. Allein Gertrud Lamm schreibt am 17. Juni 1959 aus Dresden (und lenkt damit unseren Blick allmählich wieder in die Gegenwart und auf die nächste Generation): »Ja es war doch eine schöne Zeit, aber ich glaube jeder Mensch, der einigermaßen gute, verständige Eltern hat, findet seine Kindheit in der Erinnerung schön. So wird es auch unseren Kindern dereinst gehen, obwohl sie wieder eine ganz andere Zeit erleben als wir.«

58 Erich an Emil Kästner (EKA)

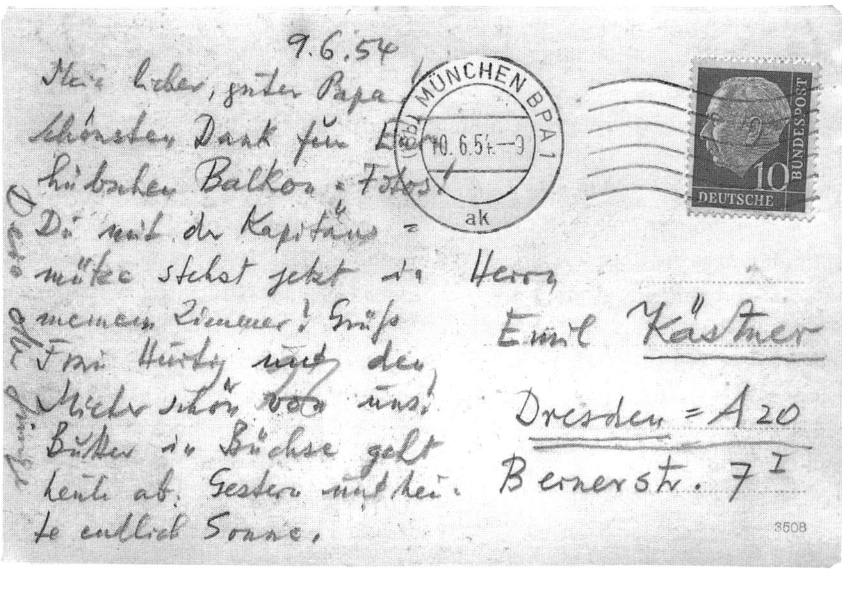
9.6.54
Mein lieber, guter Papa
schönsten Dank für Euren
hübschen Balkon-Fotos!
Die mit der Kapitäns-
mütze steht jetzt in
meinem Zimmer! Grüß
Frau Hurtig und den
Michel schön von uns!
Butter in Büchse geht
heute ab. Gestern und heu-
te endlich Sonne.

MÜNCHEN BPA 1
10.6.54 – 9
ak
DEUTSCHE BUNDESPOST 10

Herrn
Emil Kästner
Dresden-A 20
Bernerstr. 7 I

Vater und Sohn II: Der kleine Mann

Ein anderer kleiner Junge wird zur Hauptfigur der letzten Kinderbücher von Erich Kästner: der kleine Mann. 1963 erscheint ›Der kleine Mann‹, 1967 dessen Fortsetzung ›Der kleine Mann und die kleine Miss‹. Aus diesen Büchern kann man ebenfalls lernen, wie die Zeit vergeht, man darf zurückblicken in die Vergangenheit, und auch über Vertriebsmöglichkeiten ist hier einiges zu erfahren.

Der kleine Mann ist da! Endlich einmal ist Kästner nicht mehr nur geistiger Vater von Ersatz-Kindern, sondern kann auch er das tun, was so viele Kinderbuchschriftsteller immer schon taten: dem eigenen Kind Geschichten erzählen. Der kleine Mann, sein Sohn Thomas, wird ihm von seiner Freundin Friedel Siebert kurz vor Weihnachten 1957 geboren. 1962 muß Kästner ins Lungensanatorium, weil man, beinahe zufällig, entdeckt hat, daß er an Tbc erkrankt ist. Insgesamt fast drei Jahre verbringt er mit längeren Pausen bis 1966 in Agra im Tessin. Am Ende ist er geheilt, und aus den Gute-Nacht-Geschichten für den kleinen Sohn werden zwei Romane über Mäxchen Pichelsteiner, den ›kleinen Mann‹.

Nun trifft es sich, daß Horst Lemke, der seit dem Tod von Walter Trier Kästners Kinderbücher illustriert, in Brione und somit ganz in der Nähe wohnt. Er kann dem Schriftsteller also nicht nur bei der Arbeit über die Schulter gucken, sondern ihn selbst gründlich in Augenschein nehmen. Einmal stellt sich das Problem, wie der berühmte Zirkusartist und Zauberkünstler Professor Jokus von Pokus, im Roman Mäxchens Ziehvater, auszusehen habe. »Nachdem ich mehrere Porträtvorschläge gezeichnet hatte, die Kästner alle nicht begeistern konnten, versuchte er mir den Professor zu beschreiben. Er sollte in keinem Fall komisch aussehen. Er sollte intelligent aussehen, sehr gepflegt, elegant, ausserdem wohnte er nie wie die anderen Artisten im Wohnwagen, sondern immer im besten Hotel am Platz. – Na, nun fiel mir der Groschen: ›Ja, dann muss er so aussehen wie Sie!‹ ›Na, ja, nicht so genau, aber ähnlich kann er schon sein‹, antwortete er. Ich gab ihm dann noch einen kleinen gepflegten Schnauz, und wir beide waren zufrieden.« *(Briefe aus dem Tessin, S. 14–15)* In der Tat: Zum Verwechseln ähnlich sieht der Zauberkünstler seinem Doppelgänger Erich Kästner. Und die Ähnlichkeit beschränkt sich keineswegs auf Äußerlichkeiten: Wie sein Schöpfer ist auch Jokus von Pokus ein ausgezeichneter Geschäftsmann. Im Grunde ist nämlich die Geschichte vom ›Kleinen Mann‹ nichts oder kaum etwas anderes als die Geschichte eines unaufhaltsamen Publikumserfolges. Weil der kleine Mann so klein und der große Zauberer ein so großartiger Marktstratege ist, wird aus dem 5 cm langen Knirps ein riesiger, in sämtlichen nur denkbaren Medien unendlich vervielfältigter Weltbestseller.

59 Umschlagzeichnung von Horst Lemke für ›Der kleine Mann‹

Es fängt damit an, daß bereits nach dem ersten gemeinsamen Auftritt von Mäxchen und Jokus im Zirkus Stilke die Rundgitter aus der Versenkung emporgeholt werden müssen, um zu verhindern, daß das Publikum die beiden Künstler vor lauter Bewunderung zerquetscht. Die Fans, die sie mit dem Auto verfolgen, können zwar abgeschüttelt werden, aber bei der Ankunft im Hotel sind die Journalisten, Photographen und der Rundfunk schon da. Mäxchen träumt, wie ihm von allen Plakatwänden sein eigenes Konterfei entgegenblickt und für Zigarren, Sekt und andere Dinge Werbung macht. Die Wirklichkeit holt den Traum ein: Über Nacht ist er zur unbezahlbaren Weltberühmtheit geworden und in die Schlagzeilen sämtlicher Zeitungen geraten. Aus den 2000 Zuschauern vom Vortag werden 100.000 Neugierige, die Einnahmen kommen zur Sicherheit gleich in den Panzerschrank, das Fernsehen, In- und Auslandsreporter belagern die Hotelhalle – Presseberichte können im Archiv des Zirkus' Stilke eingesehen werden – , ›Paris Match‹, das amerikanische ›Life‹-Magazin und der Filmkonzern Metro-Goldwyn-Mayer treten in Verhandlung. Mäxchen erhält Fanpost, Geschenke, und eine Nürnberger Spielzeugfabrik fertigt Mäxchen-Imitate an. Als Belegexemplare erhalten der Zauberer und sein Zauberlehrling einige davon zugeschickt: »Zehn Kleine Männer, unserem Mäxchen zum Verwechseln ähnlich!« *(W 8, 485)* Ein Mäxchen-Song, das ›Lied vom kleinen Mann‹, wird auf Schallplatte gepreßt, im Radio gesendet und in Tanzlokalen aufgelegt. König Bileam lädt die Stars zu sich nach Hause ein, und Hollywood schickt zunächst ein Telegramm, dann den Regisseur Drinkwater persönlich, um die Geschichte zu verfilmen. Damit ist der zweite Band erreicht, worin Mäxchen seinen Schöpfer – gemeint ist diesmal der Erzähler Erich Kästner – brieflich um eine Fortsetzung bittet. Diese besteht (im wesentlichen) aus dem Bericht über die Dreharbeiten, deren Abschluß und die Ausstrahlung der ersten Folge der Fernsehserie, am ersten Weihnachtsfeiertag und weltweit. Für Ostern ist dann der Kinostart vorgesehen.

Wunderbar. Man weiß kaum, worüber man sich mehr wundern soll: darüber, daß der Hollywood-Profi Mr. Drinkwater entgegen heute gängiger Vertriebspraxis seinen Film erst im Fernsehen und dann in den Kinos zeigt, oder über den ebenso detailverliebten wie enzyklopädisch angelegten Werbefeldzug, mit dem der Vater das fiktive Double seines Sohnes mit aller Macht und Selbstironie zum weltberühmten Medienstar macht. Um die Wirklichkeit der Fiktion unwiderlegbar zu beweisen, haben Autor und Zeichner eine wahre Fülle von ›Originaldokumenten‹ in ihr Buch eingestreut. Was wird dort nicht alles faksimuliert: Lexikonartikel, Klingelschilder, Werbeplakate, Schlagzeilen, Fanpost (handgeschrieben und getippt), Zeitungsausschnitte, Telegram-

60 Mäxchen Pichelsteiner, gezeichnet von Horst Lemke

61 Der kleine Mann, die Zirkustauben Minna und Emma und der Zauberkünstler Jokus von Pokus, gesehen von Horst Lemke

me, und in der Fortsetzung laufen die Fernschreiberstreifen schon auf dem Umschlag quer durch das Bild. Kästners letzte Kindergeschichte ist eine ins Globale und Hyperbolische gesteigerte Wiederholung dessen, was Emil und Lottchen vorgemacht haben. Was einen fast am meisten wundert: daß ausgerechnet ›Der kleine Mann‹ nicht verfilmt wurde, ja, daß nicht einmal eine Nürnberger oder andere Spielzeugfabrik auf die Idee gekommen ist, den kleinen Mann industriell zu vervielfältigen. (Diese Behauptung gilt so lange, bis sie durch die Wirklichkeit widerlegt wird.) Aber vielleicht ist es doch nicht erstaunlich, daß ein Buch über die Entstehung eines Filmes nicht verfilmt wird. Vielleicht ist es auch besser, Mäxchen nicht nachzubauen, wurde doch sein maschinelles Imitat ihm beinahe zum Verhängnis und seine Austauschbarkeit von ein paar gerissenen Verbrechern dazu genutzt, ihn zu entführen.

Neben der Geschichte eines Medienerfolges ist auch ›Der kleine Mann‹ und seine Fortsetzung, wie dermaleinst der ›Emil‹, eine Detektivgeschichte. Gesucht wird allerdings nicht mehr ein einzelner kleiner Gangster, sondern eine international vernetzte Verbrecherbande. Den Fahndungserfolg garantiert nicht mehr die Solidarität einiger hundert Kinder, sondern die Zusammenarbeit des Bundeskriminalamtes mit Scotland

Yard, FBI und Interpol. Die Zeiten wandeln sich, und die Verbrecher, Detektive und Kinderbücher mit ihnen.

In vielem jedoch sind sich der kleine Mann und Emil zum Verwechseln ähnlich: Beide bekommen zum guten Schluß nicht nur eine handfeste Belohnung, sondern auch ein Festessen spendiert, hier wie dort werden fiktive Dokumente ›faksimiliert‹, und last not least erhalten beide Romane jeweils eine Fortsetzung. Daß Emil, in allen möglichen Fortsetzungen und medialen Erscheinungsformen, dem Herrn Kästner im Kopf herumspukt, als er seinem Sohn Geschichten erzählt, ist kein Wunder; im Frühjahr 1962 verhandelt er mit Walt Disney über eine Neuverfilmung von Emil I und korrigiert zugleich die von James Krüss erstellte Bühnenfassung von Emil II. Und da Kästner selbst stets zuverlässig augenzwinkernd auf derlei Doppelbödigkeiten hinweist, heißt die kleine Miss, die am Ende der ganzen Geschichte dem kleinen Mann als Gespielin aus Alaska zugeflogen kommt, natürlich Emily, »und wir könnten sie, wenn sie damit einverstanden ist, Emilie nennen. Oder Miss Emil. Uns wird schon etwas Unpassendes einfallen.« *(W 8, 639)* Mäxchen gefällt »Mielchen« am besten. Mielchen ist nun ihrerseits aber nichts anderes als eine kleine Schwester von Pünktchen, und ihre Mutter, Mrs. Simpson, eine – etwas weniger kleine – von Frau Gast, Antons Mutter; Mäxchen und Mielchen sind also ein Zwillingspaar von Pünktchen und Anton, und Mäxchen ist somit der kleinere Bruder nicht nur von Emil, sondern auch von Anton, der seinerseits eine Art zweiter Emil gewesen war – und damit könnte alles wieder von neuem beginnen. Oder nicht? Leider nicht. Mit dem letzten Satz seiner letzten Fortsetzung verabschiedet sich Kästner von seinen Kindern und Kinderbüchern *(W 8, 660)*: »Doch keine Angst, ich fange nicht wieder von vorne an, sondern schreibe, mit kühnem Schwung, das Wörtchen

Ende«

62 Geburtstagsglückwünsche

Kästner für Kinder von und für heute

Doch keine Angst. Erstens war Kästners letzter Roman – wie sein erster ein Kinderbuch – nicht sein letztes Wort; er hatte nach dessen Erscheinen noch sieben Jahre zu leben. Zweitens hat die Nachwelt ihn nach seinem Tod keineswegs vergessen. Drittens haben die Kinder bewiesen, daß sie seine Lektionen, in jeder Hinsicht, gelernt haben. Und das bereits zu Lebzeiten. 1954, also noch lange vor Erscheinen der Marketingfibel und Geschichte vom ›Kleinen Mann‹, schickt ihm eine Schulklasse folgenden Brief, datiert auf den vorweihnachtlichen 23. Dezember:

Lieber Herr Kästner!

Durch Ihre pfundigen Bücher, die alle in unserer Schulbibliothek stehen, aber auch durch Ihren Film »Das fliegende Klassenzimmer« sind Sie uns kein Unbekannter mehr. Ab und zu liest man in der Zeitung, daß die Filmleute zum Filme drehen keinen Stoff mehr finden und deshalb manche Filme 2 und 3 mal drehen. Wir geben Ihnen neuen Stoff zum Schreiben und Verfilmen. Unsere beigelegte Mappe ist nur ein Auszug aus unserer Klassenchronik. Darin wird eine Aktion geschildert (vielleicht haben Sie es auch in Ihrer Zeitung oder im Radio gehört), die wir, die Klasse 7 b, in Ulm in den Vorweihnachtswochen durchführten. Wie wäre es, wenn Sie darüber ein Buch schreiben würden, oder wenn Sie dafür gerade keine Zeit haben, die Mappe Ihren Filmfreunden zum Verfilmen vorlegen würden? Damit wir auch bestimmt von Ihnen hören und wissen, daß Sie unseren Brief erhalten haben – wir wissen nämlich Ihre Adresse nicht – legen wir gleich einen rückadressierten Umschlag bei. Mit freundlichen und herzlichen Grüßen Ihre Freunde aus der 7 b

Erich Kästner·SCHULE

Grund-, Haupt- und Realschule mit Förderstufe — Schule des Wetteraukreises
Stadtteil Rodheim v.d.Höhe, Telefon 0 60 07 - 600

63 – 70 Hier und folgende Seiten: Briefköpfe von Erich Kästner-Schulen

Die beigelegte Mappe dokumentiert die »Aktion ›Weihnachtsmännlein‹, geplant und durchgeführt von der Klasse 7 b der Jörg Syrlinschule I Ulm/Donau«. Unter dem Motto ›Menschen in Not‹ haben die Kinder mit Organisationstalent, selbstgemalten Plakaten und Unterstützung durch die Zeitungen eine Hilfsaktion auf die Beine gestellt, die derjenigen, welche Emil und seine Freunde damals für den dritten der drei Zwillinge organisierten, in nichts nachsteht, sie vielmehr in einem entscheidenden Punkt noch übertrifft: Sie ist wirklich passiert. Womit wir wieder in der Wirklichkeit und bei einem nach Auffassung der Erwachsenen für Kinder ungemein wichtigen Thema angelangt wären: der Schule.

Erich Kästner, der während seiner Ausbildung zum Lehrer gelernt hat, daß er nicht zum Lehrer taugt, und der keine Gelegenheit ausließ, über faule, dumme oder prügelnde Lehrer zu schimpfen und gegen »Schulkasernen« zu wettern, ausgerechnet Kästner ist zum Namenspatron von inzwischen weit über hundert Schulen in Deutschland geworden. Es sind Gesamt- und Verbund-, Grund-, Haupt- und Realschulen, Gymnasien und Schulen für Schwerhörige, Lern- und Sprachbehinderte. Schon zu Lebzeiten wurde das runde Dutzend voll, bei Redaktionsschluß waren es genau 126 oder, noch genauer, 127, denn auch die Kinder in der Fernsehserie ›Marienhof‹ besuchen ein Erich Kästner-Gymnasium. Begründet werden die Entscheidungen für seinen Namen damit, daß er den Kindern ein Begriff sei, eher zumindest als Goethe oder Comenius, daß er gute Kinderbücher geschrieben habe, daß man mit ihm die Literatur stark machen könne gegen das Unwesen der Comics (das Argument stammt aus dem Jahr 1969 und von einer Bonner Mutter) und des Fernsehens (das Argument stammt aus dem Jahr 1997 und dem Brief einer Volksschule an die Regierung von Unterfranken), daß er sich unter der Nazi-Diktatur nicht habe korrumpieren lassen, daß er für Humanitas und Moralität stehe, daß er durch sein unermüdliches öffentliches Engagement ein lebendes Vorbild und Beispiel geworden sei. So ist nun Erich Kästner gegenwärtig im Schulalltag vieler Lehrer und abertausender Kinder: in Deutsch, Religion, Kunst und Gemeinschaftskunde als Unterrichtsgegenstand, in der

Erich Kästner-Grundschule
Erwitte
Gemeinschaftsgrundschule

Erich Kästner-Schule Alsfeld
Schule für Lernhilfe des Vogelsbergkreises

Schulbibliothek als Buch oder Video, im Eingangsbereich als Namensschild, in Form von Bildern, Vitrinen oder ›Kästner-Ecken‹, in Theateraufführungen, Buchwochen, Projekttagen, Lesewettbewerben, in Briefkopf, Schülerzeitung, Kalender und Weihnachtsgruß, auf Buttons, T-Shirts und Umhängetaschen. Inzwischen ist er auch im Internet, also endlich virtuell vorhanden als Homepage diverser Erich Kästner-Schulen und »surfendes Klassenzimmer«. Hier und dort weht er sogar noch als Geist durch die Mauern, nein, weht sein Geist durch die Mauern, und ganz fraglos zu den Ausnahmen zu rechnen ist die Auskunft des Leiters der Erich Kästner-Schule aus Oldenburg in Holstein, daß nämlich »das Interesse unserer Schüler und Schülerinnen an diesen (i.e. Kästners) Werken trotz aller Bemühungen unsererseits eher rückläufig ist.« *(Brief vom 24. September 1998)*

Ähnlich äußert sich der Leiter der Erich-Kästner-Bibliothek in Berlin, die am 13. April 1967 in Anwesenheit und mit einer Dankesrede des Namenspatrons eingeweiht worden war: »Die Zeiten, in denen Erich Kästner viel gelesen wurde, sind vorbei.« *(Brief vom September 1998)* Was die Frage aufwirft, ob die Kinder, wenn sie schon Geschichten brauchen, immer noch ausgerechnet Kästners Geschichten brauchen? Daß die absoluten Verkaufszahlen stets weiter ansteigen, liegt zum Teil in der Natur konjunktureller Gesetze begründet. Relativ aufschlußreich dagegen sind die Hitlisten der Vorlesewettbewerbe, die der Börsenverein des Deutschen Buchhandels alljährlich veranstaltet. Hier mußte Kästner seine Spitzenposition mit den Jahren an Astrid Lindgren abtreten, doch tanzt er, ohne deutliche Tendenz nach oben oder unten, mit Michael Ende und Enid Blyton, Christine Nöstlinger und Peter Härtling im Reigen um die vorderen Plätze unermüdlich weiter mit.

Den Erwachsenen ihrerseits gilt Kästner nach wie vor als vorbildlicher Erzähler für Kinder. Sie ehren seinen Namen, indem sie mit ihm Nachfolger seiner Kunst ehren. Seit 1996 gibt es den ›Erich Kästner-Fernsehpreis für das beste deutschsprachige Kinder- und Jugendprogramm‹, 1990 gab es in Berlin – aus rechtlichen Gründen nur einmal – einen ›Erich-Kästner-Jugendliteraturpreis‹. Atrium, Kästners Heimatverlag aus literarischen Exil-Zeiten, hat 1985 den ›Erich Kästner Kinder- und Jugendbuchpreis‹ vergeben, und jährlich seit 1982 wird in London der ›Kurt Maschler Award‹ verliehen für »a work of imagination for children, in

Erich Kästner – Grundschule
Stockelsdorf

Erich Kästner
Schule
- Schulleitung -

which text and illustrations are integrated so that each enhances and balances the other«. Mit dem Namen des Verlegers ehrt der Preis, der Wert auf das Zusammenspiel von Text und Bild im Kinderbuch legt, zugleich Maschlers ehemalige »Lieblingsautoren«, wie Kästner einmal an Trier schrieb: die beiden Erfinder von ›Emil und die Detektive‹.

Das Werk wie den Geist Kästners pflegt das Kinderdorf Erich Kästner in Unterfranken, das am 1. Juli 1974 gegründet wurde. Per Telegramm hat der Namensgeber kurz vor seinem Tod noch sein Einverständnis erklärt. In sechs Häusern leben hier zur Zeit 36 Kinder, die zum Teil schlimme Geschichten nicht gelesen, sondern erlebt haben. Des Dichters ›Moral‹ ist bekannt. Sie lautet: »Es gibt nichts Gutes, außer: man tut es!« und ruft allerorts Kopfnicken hervor. Hier wird sie beim Wort genommen, aber nicht an die große Glocke gehängt. 1991 vermachte Kästners langjährige Lebensgefährtin Luiselotte Enderle dem Kinderdorf testamentarisch das Inventar des ehemals gemeinsam bewohnten Münchener Hauses, »zur Pflege des Namens Erich Kästners und der geistigen und körperlichen Pflege der Kinder«. Darunter befindet sich auch beider Bibliothek. Dort kann man zum Beispiel erfahren, wieviele und welche Übersetzungen seines Lieblingsbuches ›Gullivers Reisen‹ Kästner besaß, und daß er sich für die Illustrationen seiner Nacherzählung an denjenigen von Grandville orientierte. Oder man kann feststellen, daß Kästner in den beiden vorhandenen Exemplaren von Hitlers ›Mein Kampf‹ eine einzige Stelle angestrichen hat – einen stilistischen Faux-pas aus des Anstreichers Jugendzeit: »Als der Dreizehnjährige aber siebzehn alt geworden war« …

Am 23. Februar 1999 wird Erich Kästners 100. Geburtstag gefeiert. Aus diesem Anlaß kommt, wie bei runden Jubiläen berühmter Persönlichkeiten üblich, ein Sonderpostwertzeichen heraus. Unter den 22 im Wettbewerb befindlichen Entwürfen von

Gg 19 Städt. Gemeinschaftsgrundschule **Rothebuschstr. 21**
46117 Oberhausen **Tel: 0208 - 890211**

sieben Einsendern trägt wieder einmal Emil den Sieg davon. Das erfolgverwöhnte Titelbild von Walter Trier hat den Graphiker Gerhard Lienemeyer inspiriert und sein inspirierter Entwurf die Jury überzeugt. Von dem Punkt aus, auf dem Emil niemals stand, verbreitet sich Kästners Ruhm in immer weiteren Kreisen; dank seiner Litfaßsäule kann man von hier aus nun Briefe in alle Welt schicken, nicht mehr an, aber mit Erich Kästner. Um Mißverständnisse zu vermeiden: Die fertige Marke hat den Wert von DM 3,– und nicht, wie noch im Entwurf, von DM 1,10. Es dürfen also ruhig dicke Briefe sein. Das Motiv des Ersttagsstempels ist übrigens der immer wieder mißverstandene und dennoch immer wieder vergnügt zwinkernde Eulenspiegel.

Nun ist es aber wirklich Zeit für das allerletzte Wort und Kästner-Zitat:

»Ende«

71 Entwurf Gerhard Lienemeyers für den Ersttagsstempel der Briefmarke zum 100. Geburtstag Erich Kästners

Literaturangaben und Dank

Dankend zitiert und gerne gelesen wurden unter anderem folgende Werke von, mit und über Erich Kästner:

Erich Kästner: Gesammelte Schriften. Zürich: Atrium Verlag, Berlin: Cecilie Dressler Verlag, Köln: Kiepenheuer & Witsch 1959. 7 Bände. (Zitiert als: GS)

Erich Kästner: Werke. Hrsg. v. Franz Josef Görtz. München, Wien: Carl Hanser Verlag 1998. 9 Bände. (Zitiert als: W)

Erich Kästner: Mein liebes, gutes Muttchen, Du! Dein oller Junge. Briefe und Postkarten aus 30 Jahren. Ausgewählt und eingeleitet von Luiselotte Enderle. Hamburg: Albrecht Knaus Verlag 1981.

Erich Kästner: Briefe aus dem Tessin. Mit einem Geleitwort von Horst Lemke. Zürich: Verlags AG ›Die Arche‹ 1977.

Kinderzeitung von Klaus und Kläre. Beilage der Zeitschrift ›Beyers für Alle‹. Leipzig, Heft 1 (1927) bis Heft 123 (1932).

Pinguin. Hrsg. v. Erich Kästner. Stuttgart, 1. Jahrgang (1946) bis 4. Jahrgang (1949).

Erich Will-Halle: Du und ich im Neuaufbau. Eine nachdenkliche Bilderfibel für große und kleine Kinder. Mit einem Vorwort von Erich Kästner. Halle (Saale): Mitteldeutsche Verlagsgesellschaft 1947.

Paul Hazard: Kinder, Bücher und große Leute. Vorwort von Erich Kästner. Hamburg: Hoffmann und Campe Verlag 1952.

Ich selbst myself moi-même. Kinderselbstportraits aus aller Welt. Gesammelt und hrsg. v. der Internationalen Jugendbibliothek mit Vorworten von Jella Lepman, Emil Preetorius und Erich Kästner. Reutlingen: Enßlin & Laiblin Verlag 1952.

Kindertage / Kinderseelen. Ein Bildwerk hrsg. v. Paul Junker. Eingeleitet von Erich Kästner. Bonn: Athenäum Verlag 1956.

James Krüss: Der wohltemperierte Leierkasten. Mit einem Nachwort von Erich Kästner. Gütersloh: Sigbert Mohn Verlag 1961.

Clara Asscher-Pinkhof: Sternkinder. (Vorwort Erich Kästner) Berlin: Cecilie Dressler Verlag 1961.

Die lustige Geschichtenkiste gefüllt von Erich Kästner. München: Annette Betz Verlag 1972.

Zwölf schöne Gedichte zum Malen für Kinder. Ausgewählt von Erich Kästner. Frankfurt am Main: Insel-Verlag o.J.

Es war einmal ein Rabe. Gedichte ausgesucht von Erich Kästner mit Bildern gemalt von Kindern. Ein Insel-Bilderbuch. Frankfurt am Main: Insel-Verlag 1972.

Helga Bemmann: Humor auf Taille. Berlin: Verlag der Nation 1983.

Birgit Ebbert: Erziehung zu Menschlichkeit und Demokratie. Erich Kästner und seine Zeitschrift ›Pinguin‹ im Erziehungsgefüge der Nachkriegszeit. Frankfurt am Main u. a.: Peter Lang 1994.

Luiselotte Enderle: Erich Kästner in Selbstzeugnissen und Bilddokumenten. Reinbek bei Hamburg: Rowohlt Taschenbuch Verlag 1966.

Franz Josef Görtz, Hans Sarkowicz: Erich Kästner. Eine Biographie. München, Zürich: Piper Verlag 1998.

Sven Hanuschek: Keiner blickt dir hinter das Gesicht. Das Leben Erich Kästners. München, Wien: Carl Hanser Verlag 1999.

Erich Kästner und Walter Trier. Eine fast vollständige Büchersammlung & Bibliographie der beiden Moralisten und Menschenkenner. Heidelberg: Antiquariat Hatry 1994.

Klaus Kordon: Die Zeit ist kaputt. Eine Lebensgeschichte des Erich Kästner. Weinheim, Basel: Beltz Verlag 1994.

Jella Lepman: Die Kinderbuchbrücke. Frankfurt am Main: S. Fischer Verlag 1964.
Werner Schneyder: Erich Kästner. Ein brauchbarer Autor. München: Kindler Verlag 1982.

Der Briefwechsel Erich Kästners mit seinem Vater und die Mehrzahl der abgebildeten Photographien befinden sich im Erich Kästner Archiv (EKA, Nachlaß Luiselotte Enderle), München. Alle weiteren Quellen stammen, sofern nicht anders angegeben, aus dem Deutschen Literaturarchiv, Marbach am Neckar, wo seit Sommer 1998 der literarische Teil des Nachlasses von Erich Kästner aufbewahrt wird.

Ich danke all denen, die freundlicherweise ihre Genehmigung zum Abdruck bisher unveröffentlichter Texte gegeben haben. Leider ist es nicht in allen Fällen gelungen, die Rechtsnachfolger zu ermitteln.

Für Leihgaben, Hilfe in Rat und Tat, Auskunft und Unterkunft seien bedankt: Sandra Aust (Bundesfinanzministerium, Bonn), Peter Beisler (München), Sabina Berchtold (Börsenverein des deutschen Buchhandels, Frankfurt am Main), Michael Bienert (Berlin), Martina Bretz (Bonn), Klaus Doderer (Erich Kästner Gesellschaft, München), Bernd Dolle-Weinkauff (Institut für Jugendbuchforschung, Frankfurt am Main), Tilo Eckardt (Carl Hanser Verlag, München), Eva Fink (München), Uwe-Michael Gutzschhahn (Carl Hanser Verlag, München), Sven Hanuschek (München), Antje Haselbacher (Bonn), Daniela Huhn (Kinderdorf Erich Kästner, Oberschwarzach), Bettina Hurrelmann (Arbeitsstelle für Leseforschung und Kinder- und Jugendmedien, Köln), Rudi Kienzle (Marbach), Ricarda Lemke (Brione), Gerhard Lienemeyer (Offenbach), Karl-Heinz und Mara Mauermann (Erich Kästner-Gesamtschule, Essen), Dieter Mensenkamp (Detmold), Thomas Meyer (München), Claudia Öhlschläger (München), Sibylle Ostermeier (München), Lindi Preuss (Atrium-Verlag, Zürich), Rudolf Rühle (Bonn), Michael Sahr (Regensburg), Barbara Scharioth (Internationale Jugendbibliothek, München), Thomas Scheuffelen (Esslingen), Ursula Vossen (Bonn), Frauke Wedler (Cecilie Dressler Verlag, Hamburg), Manfred Wegner (Stadtmuseum München/Deutsches Historisches Museum Berlin), Peter Weiler (Northeim).

Schließlich danke ich allen Mitarbeitern des Deutschen Literaturarchivs für die kompetente und überaus freundliche Unterstützung während der Vorbereitungen.

Marbacher Magazin 86/1999
Für die Ausstellung
im Schiller-Nationalmuseum
Marbach am Neckar
von Februar bis April 1999
zum 100. Geburtstag
von Erich Kästner
am 23. Februar 1999

Der Nachlaß Erich Kästners
wurde 1998 mit Hilfe der
Berthold-Leibinger-Stiftung
für das Deutsche Literaturarchiv
Marbach am Neckar erworben.

Umschlag unter Verwendung
von Motiven der Zeichnung
von Walter Trier für Erich Kästners
›Emil und die Detektive‹
und der Photographie von
Erich Kästner »mit Pola
und Schatten vorm Haus
(Terrasse) Flemingstr. 52«
(Photo: Lange, Linz)

Herausgeber: Ulrich Ott
Redaktion: Friedrich Pfäfflin
Gesamtherstellung:
Gulde-Druck, Tübingen

ISBN 3-933679-18-4

Mit einem Verzeichnis
der ausgestellten Stücke
als Beilage